우리문화재 풍수답사기 ③ 서원

우리문화재 풍수답사기 ③ 서원
조선시대의 명문사학 서원을 가다

1판 1쇄 발행　2005년 7월 7일
1판 2쇄 발행　2007년 11월 8일
글·사진　　　장영훈
펴낸이　　　서경원
편집　　　　김혜영

펴낸곳　　　도서출판 담디
등록일　　　2002년 9월 16일
등록번호　　제9-00102호

주소　　　서울시 강북구 수유6동 410-310 2층
전화　　　02-900-0652
팩스　　　02-900-0657
이메일　　damdi900@dreamwiz.com
홈페이지　www.damdi.co.kr

지은이와 출판사의 허락없이 책 내용 및 사진,
드로잉 등의 무단 복제와 전재를 금합니다.

정가 15,000원
저자와의 협의하에 인지는 생략합니다.

2005 ⓒ 장영훈
Printed in Korea
ISBN 89-91111-15-7
　　　89-91111-12-2(set)

조선시대의 명문사학
서원을 가다

장영훈 글·사진

도서출판 담디

머 리 말

　대학교에서 건축사들에게 서원풍수를 강의한 적이 있다. 생소한 강의에 모두가 어리둥절했다. 그런 그들과 직접 서원들을 돌아보았다. 그러자 다음학기때부터 모두들 서원풍수문화재 매니아가 되어 있었다.

　대학원 특별초청으로 서원답사를 떠났다. 원생중 한 명이 3년 전부터 필자의 서원풍수 책자를 들고서 휴가때마다 서원들을 직접 답사했다는 내용을 들려 주었다. 그 후 그는 직장업무도 고건축 담당공무원으로 전환했고, 지금은 늦깍기 풍수지리 전공 대학원생이 되어 이렇게 동참하게 되었다고 한다.

　직계제자 한명이 세계적인 건축가 안도다다오 초청으로 일본 연수를 갔다. 초청된 16개국 대학원생들이 동경에 모여 자기나라 고유 건축기법을 발표하는 대회가 있었다. 당시 제자는 한국건축과 풍수와의 만남이라는 주제로 병산서원 풍수설계를 발표했다. 그 결과 모든 나라 참가자들을 제치고서 당당하게 최고의 대상을 받았다.

　서원에는 무언가가 있다.

　그 무엇은 우리전통시각으로 접근할 때만 보였다는 그들의 경험을 자주 들었다. 오늘날 문화재 답사 설명 중 유교예제와 건축양식에 관한 것은 자세히 나와있다. 그러나 풍수공간에 대한 글은 한 줄도 없다. 결국 우리는 여지껏 유교일변도식의 문화재 답사만 하였던 것이다. 정확히 말하자면, 우리는 아직까지 우리 문화재를 반쪽만을 보고 있었다고 주장할 수 있다.

　서원은 풍수로써 터를 잡고 풍수법칙에 따라 간잡이 되었다. 당시 이를 적용했던 서원풍수 실력자들은 한날 무덤풍수장이가 아닌 당대 최고지식층인 사대부들이었다. 그러므로 사대부 풍수가 들어있는 풍수공간을 서원에서 목격하였을 경우 우리는 그 속에 담긴 선비정신을 읽게 된다.

　이 책은 사대부 풍수라는 우리전통시각으로 써놓은 서원문화재 답사기다. 그러므로 이 책과 서원들을 대조하다보면, 독자여러분들도 새로운 것들을 보기 시작할 것이다.

　무엇때문에 이제서야 우리 것들이 보이기 시작하는 것일까.

　그것은 풍수는 무덤이나 보는 것으로 인식하고 있는 사회적 풍조 때문이다. 우리도 이러한 무덤발복타령과 편견을 버리면, 우리 것들은 보이기 시작한다. 전통시각으로 들여다보는 서원이라는 문화재 속에는 오늘날 대한민국의 화두까지 들어있다는 것도 알게된다.

　　　　　　　　　　　2005년 여름날 천왕봉 발치녘 지리산 품안에서 …
　　　　　　　　　　　　　　　　　　　　장　영　훈

차 례

머리말

서원과 오늘날

제1장 소수서원

백두대간과 소백산지령 · 14 | 소백산과 소수서원 – 역사문화 답사길 · 18 | 소수서원 창건 – 무너진 공교육의 대안학교 · 22 | 들머리에서 · 26 | 강당 – 몸통옆구리 터진 건물 · 30 | 강당 – 군주는 남면하라 · 34 | 강당 – 전통문화재에는 흐름이 있다 · 38 | 사당 – 선현배향과 풍수 · 42 | 사당 – 영구하산형의 혈 · 46 | 소수서원 이렇게 보기 – 사당과 강당 · 50 | 소수서원 이렇게 보기 – 사당 공간 · 54 | 소수서원 이렇게 보기 – 강당 공간 · 58 | 유교예제와 풍수조화–소수서원의 마스터플랜 · 62 | 서원의 풍류공간 · 66 | 소수서원의 풍수인테리어 · 70 | 소수서원의 인걸지령 · 74

제2장 도산서원

도산서원 가는 길 · 80 | 퇴계의 터 잡이 · 84 | 도산서당과 참교육 · 88 | 퇴계도 한 풍수 했다 · 92 | 양택서원 – 퇴계의 교육관이 담긴 전통 서원 · 96 | 서원에 담긴 선비정신 · 100 | 사당 공간 · 104 | 서원의 예제배치 · 108 | 강당에 걸린 예제풍수 화두는… · 112 | 도산서원의 마스터플랜 · 116 | 퇴계묘소와 풍수 · 122

제3장 병산서원

하회풍수 · 128 | 하회풍수로 빚어 놓은 병산서원 · 132 | 만대루에 걸린 화두는? · 136 | 만대루는 병산서원의 풍수열쇠다 · 140 | 만대루 풍수 · 144 | 만대루와 복례문의 새로운 조명 · 148 | 만대루가 배치한 동재 · 152 | 강당에 걸린 풍수 · 156 | 병산서원의 배치 · 160 | 영남학파와 서원 · 164

제4장 덕천서원과 지리산문하

지리산 - 태산교악 · 172 | 산천재 찾아가기 · 176 | 천산재가 아닌 산천재 · 180 | 산천재 풍수설계 · 184 | 남명묘소 · 190 | 덕천서원 · 194 | 강당공간과 경의 · 198 | 강당공간과 미학 · 202 | 사당 공간 · 206 | 덕천서원과 산천재 · 210 | 남명문하서원 - 서계서원 · 214 | 서계서원 풍수 · 218 | 남명문하 - 국토지킴이 기상 · 222

부록 - 서원풍수, 이렇게 보면 된다

도학자와 서원 · 232 | 남계서원을 풍수로 감상하려면 · 235 | 도동서원 · 241 | 무오사화, 갑자사화, 기묘사화, 을사사화 · 247 | 옥산서원 · 249 | 전통서원만이 서원이다 · 254

부록 - 풍수형국명칭목록

서원과 오늘날

"염불보다 젯밥에 눈독 들인다"라는 속담이 있다. 절집을 꼬집는 말 같지만 오히려 조선시대 서원을 풍자한 속담에 더 가깝다.

조선후기 서원들은 재물축적과 함께 지역이기주의 단체가 되어 있었다. 젯밥 챙기기 횡포를 보다못한 대원군은 서원철폐령을 내렸다. 그러자 조선팔도에서는 서원철폐결사반대 데모가 연일 벌어졌다. 벌떼처럼 일어난 그들을 향해 대원군은 철폐되어야하는 이유를 이렇게 밝혔다.

"설사 공맹이 다시 환생한다 하더라도 서원은 철폐되어야 한다고 말할 것이다!"

서원은 제사 목적이 아닌 공부하는 곳으로 등장했던 사립대학교였다. 제사는 공부하는 학생들에게 귀감이 될, 도학자를 모셔놓은 사당에 지내는 의식절차에 불과했다.

하라는 공부는 하지 않고서 문중제사를 핑계삼아 젯밥 챙기기에 혈안이 되었던 것이 조선후기 서원들의 부정부패실상이었다.

오늘날까지 이러한 서원실상이 우리에게 남아있는 것도 사실이다.

아직까지도 서원이라하면 재실이나 사당 그리고 문중계원들이 모여서 추렴이나 하는 그런 것들이 떠오른다.

그러나 서원은 공부하는 곳이다.

소수서원, 도산서원, 병산서원 그리고 덕천서원 등등이 이러한 전통서원에 해당된다. 전통서원에서 가르쳤던 공부는 입시공부가 아닌 인성공부였다. 그것은 과거시험에 합격하여 양반감투를 쓰게 하는 그런 공부가 아닌 선비배출교육이었다.

아직까지 도산서원이 교학사상의 귀감이 되고, 덕천서원에는 선비정신이 살아 숨 쉬는 것도 전통서원이었던 까닭이다.

조선창건 백여 년 후 공교육이 무너져 버리자, 대안학교로써 서원이 등장했다.
서원에 퇴계의 교육관이 가세하자 전통서원양식이라는 문화재가 창출되었다.
사진은 "좌안동 우함양"으로 유명했던 선비배출의 명문사학 남계서원이다.

   나라마다 그 나라를 대표하는 전통정신이라는 것이 있다. 중국은 군자를 지향했던 나라였고, 일본은 사무라이 정신을 앞세운 국가다. 대한민국을 대표하는 이상향은 선비정신이다.

   그런데 선비가 무엇이냐는 질문을 던져보면, 되돌아오는 학술적 답변은 워낙 고담준론적이기에, 일반인으로서는 정리하기가 어렵다.

   선비에 대한 정의는, 선비를 교육대상으로 삼았던 전통서원 속에 들어 있음이 자명하다. 가령 도산서원에 배향된 퇴계 이황선생은 제자들에게 지행일치(知行一致)를 항상 가르쳤다. 또한 덕천서원에 배향된 남명 조식선생은 지행합일(知行合一)을 항시라도 저버리지 말라고 강조했다.

   서원교육의 두 거목들이 가르친 지(知)와 행(行)을 잇대어 놓고 풀어보면, 그것은 "행동하는 지식인"을 가리킨다.

   그러므로 선비란 "행동실천하는 참된 지식인"을 말한다.

남명사후 임진왜란이 터졌다. 그러자 남명문하 선비들은 책을 덮어두고, 그 대신 칼을 잡았다. 일제히 의병장이 되어 국토를 유린하는 왜적들과 싸웠다. 이것이 선비의 행(行)이다.

시절이 평안했던 영·정시대에 선비들은 모든 지식을 실학사조에 접목시켜 부국경제에 이바지했다. 이것은 선비의 지(知)에 해당된다.

이러한 선비상은 근래의 역사에서도 찾을 수 있다.

조국독립운동에 몸 바친 안중근의사 또한 뼈대 있는 선비였다. 4.19의거 때는 침묵하는 지식인은 폭력에 해당된다며, 일제히 일어선 지식인들도 선비정신이 있었기에 가능했다.

의병(義兵), 의사(義士), 의거(義擧) 속에 들어있는 의(義)자는 전통서원에서 가르쳤던 선비행실인 행(行)과 연결된 글자다.

이는 덕천서원 현판에서 목격되는 광경이기도 하다.

행동실천하는 참된 지식인이라는 선비상을 확장하면, 이는 "깨어있는 시민 함께 가는 사회"라는 시민사회 이상향과도 연결된다.

또한, 선비정신의 퇴색이란 오늘날 대한민국 국운퇴색을 가리키기도 한다.

선비들의 인성공부와 반대되는 입시공부가 만연되자, 우리사회는 사교육비 과다지출이라는 망국병에 걸리게 되었다. 선비정신인 지행합일을 매장시킨 식민교육의 풍조가 극에 이르자, 지식인들은 병역거부를 위한 국적포기까지 자행하고 있다.

인하여 전통서원 속에는 오늘날 대한민국 화두까지 들어있다고 하는 것이다. 문제는 선비정신이 들어있는 전통서원들을 오늘날 우리가 어떻게 체험하느냐는 데에 있다. 친일사학자들이 써놓은 서원자료에는 선비정신이 삭제되어 있음은 자명하다.

그렇다고 서구문화시각으로 우리문화재를 읽을 수 있다는 생각은 발상 자체부터 어불성설에 해당된다. 가장 정확한 방법은 서원을 창건 했던, 그 당시 선

한국인의 기상은 지리산에서 발원하며, 지리산에는 덕천서원이 있다.
선비정신을 국토지킴이로 발원시킨 남명문하 서원이다.
장차 대한민국을 부국강병으로 이끌 오늘날의 해법과 정신이 살아있는 곳이기도 하다.

조들의 눈맞춤을 갖고서 현존하고 있는 전통서원들을 바라보는 것이다.

당시 선조들의 눈맞춤 중에 하나가 풍수였다. 이는 어떤 시각보다 큰 비중을 차지하고 있었던 전통시각이기도 하다. 그것은 무덤풍수들의 시각이 아닌 사대부풍수시각에 속한다. 전통서원에는 아직까지 사대부풍수로 빚어놓은 문화재들이 현존하고 있다.

서원은 유교시각과 풍수시각이 공존하는 조선시대의 문화재다. 유교는 유교예제 양식을 창출하였고, 풍수는 인걸지령을 담으려했던 잣대였던 것이다.

걸출한 인걸은 영령스러운 땅기운에 의해 배출된다는 인걸지령(人傑地靈).

선비라는 인걸(人傑)을 읽기 위해서는 먼저 서원을 서원으로 만들었던 지령(地靈)들부터 읽어야 할 것이다. 모든 지령은 산줄기를 타고서 내려온다.

이것은 예나 지금이나 미래에도 변함없는 한국인의 산천정서이기도 하다.

제1장
소수서원

소수서원 가는 길 : 현지교통 - 풍기,영주에서 소수서원까지 시내버스 이용
　　　　　　　　자가용 운전 - 풍기읍~915번 지방도로~8km~순흥면 소재지~부석사 방면
　　　　　　　　~2km~소수서원 입구
　　　　　　　／ 영주시 순흥문화 유적지 관리사무소 TEL : (054) 634-3310

백두대간과 소백산지령

백두산은 우리국토의 태조산이다. 민족정기가 시작되는 산이기에 「대한의 노래」도 이렇게 시작된다. "백두산 뻗어내려 반도 삼천리 / 무궁화 이 강산에 역사 반만년 / 대대로 예 사는 ……"

백두산에서 뻗어 내리는 산줄기 중 가장 큰 줄기를 백두대간(白頭大幹)이라 부른다. 택두대간은 백두산에서 지리산까지의 산줄기들을 말한다. 그것은 그냥 이어진 광물성 덩어리가 아니다. 백두정기가 흐르는 산줄기이기에 지리산을 두류산(頭流山)이라고도 했다. 백두(頭) 정기가 흘러(流)온 산(山)이라는 명칭인 것이다.

우리국토는 어느 메 어느 골짜기이건 백두산 기세를 받는다. 그러나 백두산 기세를 받는 모든 땅이 곧 명당인 것만은 아니다.

예로부터 우리국토에는 2개의 명당 시각이 존재하고 있었다.

하나는 실학자 이중환의 「택리지」시각이다. 택리지에서는 쌀 생산량으로 이를 가름하여 놓았다. 가령 볍씨 한 말을 뿌려서 몇 가마가 소출되는가를 기준으로 삼았던 것이다. 이러한 통계치수로 판단하자, 지리산 정기를 받는 북위 35°~36° 사이가 명당으로 떠올랐다.

우리 땅에는 일찍이 또 다른 명당정서가 있었다. 소위 정감록 명당설이다. 정감록은 38° 이남이 명당이라고 주장한다. 정감록의 38° 이남 명당설에는 여러 가지 견해들이 있으나, 누구도 부정할 수 없는 가장 객관적인 사실은 38° 이북보다는 이남지역이 온화한 기후라는 사실이다.

정감록에 나와 있는 남향선호사상과, 택리지의 먹거리 명당설은 한국인의 명당정서를 대변한다. "등 따숩고 배부르면 만사가 편하다."라고 하는 것이 한국인의 삶터정서이기 때문이다.

이러한 한국인의 삶터 명당을 백두대간에서 직접 찾는다면, 그것은 태백산과

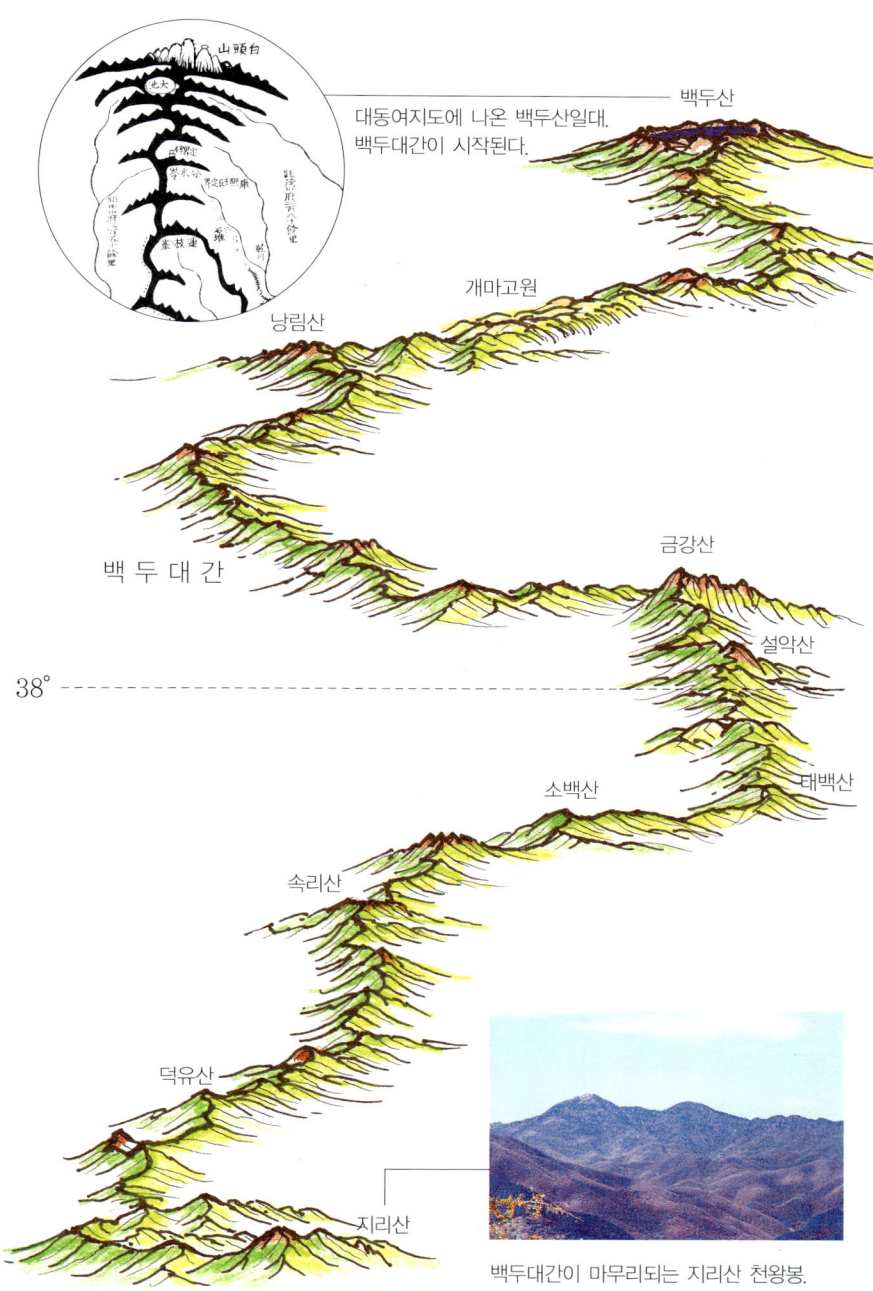

백두대간이 마무리되는 지리산 천왕봉.

제1장 소수서원 15

소백산을 연결하는 산줄기 남쪽 아래지역이 떠오른다. 그곳은 38°이남에 해당되고, 백두대간이 유일하게 동서로 진행하여 가장 양지바른 지역이기 때문이다.

그런 까닭에 조선시대 풍수사 남사고가 땅바닥에 넙죽 절을 했던 곳이기도 했다. 당시 남사고가 "이 산은 사람을 살리는 산이다"라고 지적한 산은 소백산이다. 소백산은 백두대간 허리에 해당되며, 가장 중심에 자리한 산이다.

"개성, 풍기, 금산, 부여"는 땅기운을 듬뿍 받는 인삼생산지를 말한다. 땅기운을 듬뿍 받는 풍기지역 소백산 자락에는 부석사도 있고, 영주, 안동, 하회마을까지 두루두루 소백산 정기를 이어받고 있다.

지령(地靈)은 인걸을 배출하였기에 우리는 이를 인걸지령(人傑地靈)이라 한다. 소백산 지령을 받는 이곳 유역에서는 조선시대 인걸들이 삼태기로 건질 만큼 배출되었다. 이름 하여 이들이 소백산 문하인 것이다.

소백산 서쪽에는 죽령(竹嶺)이 있고, 백 여리를 더 내리면 조령(鳥嶺)도 있다. 죽령과 조령은 백두대간 남쪽과 북쪽지역을 연결하는 유일한 교통로였다.

조령과 죽령의 남쪽지역을 영남(嶺南)이라 했다.

인하여 소백산 문하를 영남학파라 불렀다. 영남학파 선비들이 배출된 온실이 있다. 그것은 서원이다.

서원들은 소백산 자락에 놓인 소수서원에서 발육하기 시작했다.

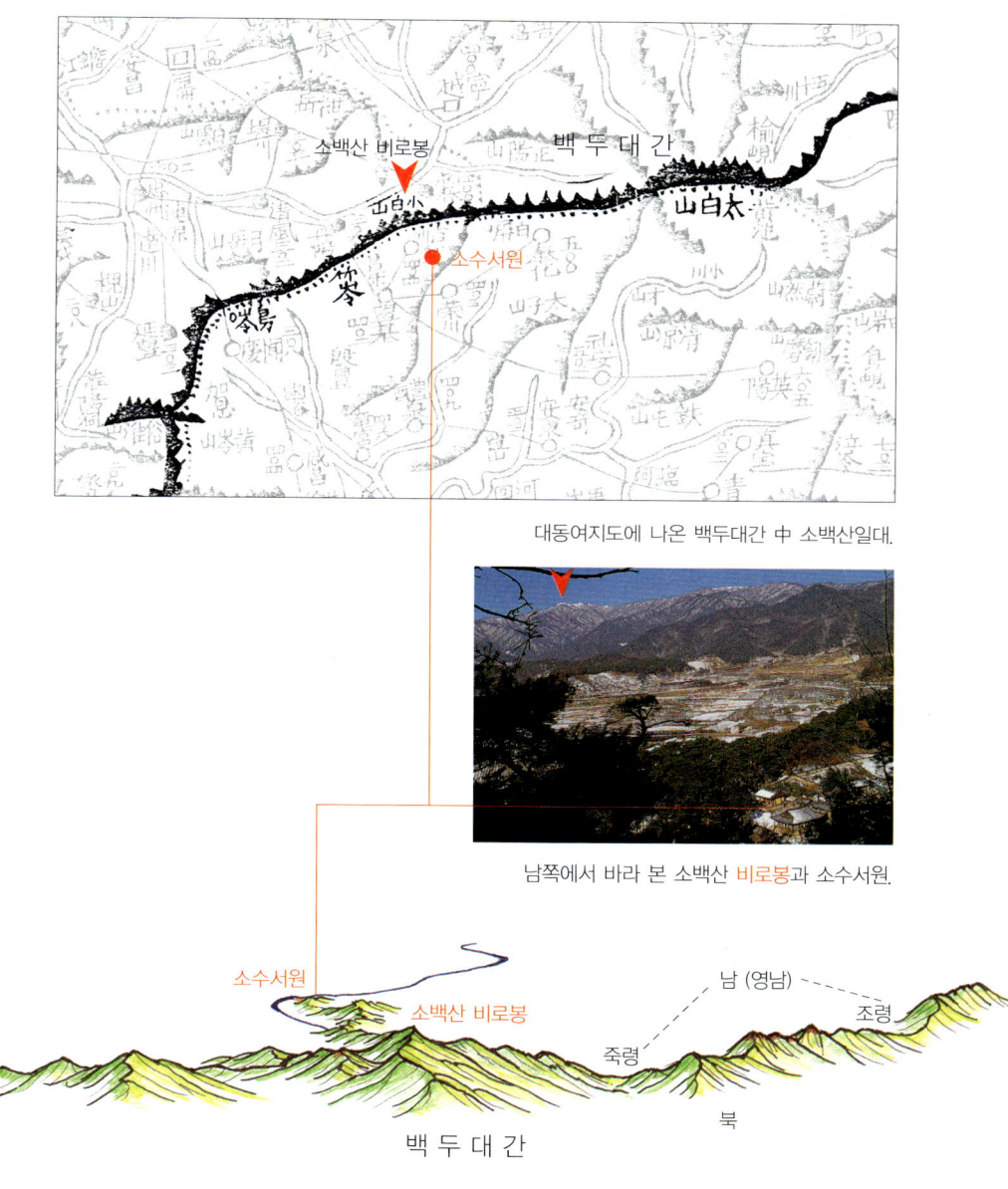

대동여지도에 나온 백두대간 中 소백산일대.

남쪽에서 바라 본 소백산 비로봉과 소수서원.

북쪽에서 잡아본 소백산 남녘지세.

제1장 소수서원　　17

소백산과 소수서원 - 역사문화 답사길

　소수서원을 남쪽에서 접근할 때, 백 여리 전부터 백두대간은 한눈에 드러난다. 올망졸망한 야산들을 뒤로한 채 큰 산들이 우뚝 서 있다. 장엄한 그 산들이 바로 백두대간이다. 웅장하기에 이를 넘는 고개 이름도 그에 걸맞게 지어졌다. 조령(鳥嶺)은 날개달린 새들도 넘기 힘든 고개라 하여 붙여진 명칭이다. 새들도 넘기 힘든 재, 우리말로 새재인 것이다. 새재는 문경지방에 있기에 흔히 문경새재라고 통칭한다.

　영주시에 있는 죽령(竹嶺)도 험한 고갯길이긴 마찬가지다. 험한 고갯길을 짚고 넘던 대나무지팡이가 대숲을 이루었다하여 죽령이라는 지명이 유래되었다.

　그러나 오늘날 죽령고개는 식은 죽 먹기 식이 되어 버렸다. 중앙고속국도의 죽령터널이 충북단양에서 경북영주를 단 3분 만에 통과시켜버리기 때문이다. 죽령터널을 빠져나와 봉현터널 하나를 더 지나면 풍기 나들목이 나온다. 풍기 나들목을 빠져나와 풍기읍으로 들어서기 전에 잘 포장된 외곽도로 하나를 만난다. 이 길만 계속타고 서북진하면 소수서원에 이른다.

　풍기 나들목에서 소수서원까지는 여유 있게 운전하여도 20분이면 족하다. 가는 도중 소수서원 이정표가 곳곳에 설치되어 있기에 초행길에도 어려움은 없다. 많은 이정표 중에서도 특히 밤색 표지판을 눈여겨보면 더욱 쉽다. 문화재 표지판은 밤색으로 칠해졌기에 이를 알고 있으면 문화재답사 때 유용하게 쓰인다.

　소수서원으로 가는 도중 북쪽을 눈여겨보는 것도 이곳을 답사하는 요령 중의 하나다. 백두대간 준령들이 북쪽을 지나가기 때문이다. 백두대간에는 소백산이 있고, 소백산 정상은 비로봉이다. 처녀젖가슴처럼 봉긋한 비로봉이 확연히 그 모습을 드러내는 지점이 있다. 이때 반대편 남쪽으로 고갤 돌리면, 그곳이 소수서원이다. 소수서원은 비로봉 발치 아래에 있다.

　소수서원이 입지한 이곳 일대는 백두대간을 등진 산남(山南)마을이기에 예로

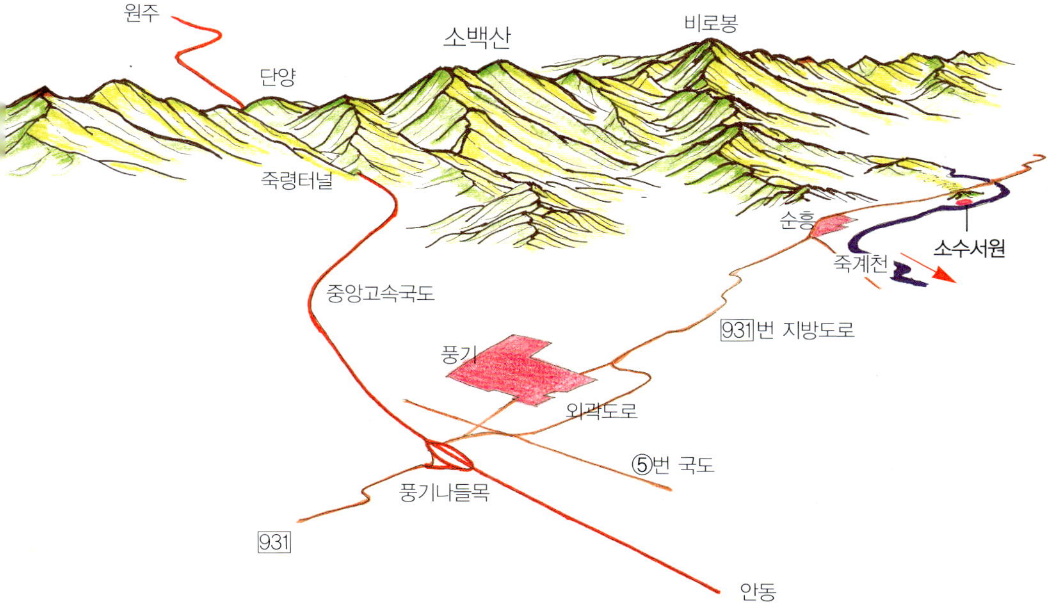

중앙고속국도에서 소수서원 가는 길.

백두대간은 우리국토 어디에서나 한 눈에 식별된다. 우리땅 산줄기를 바라보면, 뭇산과는 달리 웅장 장엄한 산들이 보인다. 백두대간이다. 사진은 백두대간 중 희양산이 흰눈을 덮어쓰고 있다.

부터 사람살기 좋은 터였다.

그러나 인간사는 이곳을 평온하게 그냥두지 않았다. 후삼국 때, 조령과 죽령 일대는 고려왕건과 견훤이 치열하게 싸웠던 전장 터였다. 조선시대에는 세조찬탈로 인해 금성대군의 유배지가 되었다. 그로부터 몇 년 후 단종 복위거사 계획이 탄로 나자, 금성대군과 의사들이 떼죽음을 당했던, 환란지지(患亂之地)로 내쳐졌던 이곳이었다. 당시 이곳 지역의 순흥도호부는 혁파 되었고, 순흥에 있었던 숙수사(宿水寺)까지 불타버렸다. 세조가 보낸 관군들의 처벌은 혹독하였기에 죽계천 물줄기를 물들인 핏빛은 10여리나 흘렀다고 한다. 그런 연유에서 생겨난 것이 이곳에 있는 피끝마을 지명이기도 했다.

조선왕조는 군군신신(君君臣臣) 부부자자(父父子子)라는 명분론(名分論)을 통치이념으로 삼은 국가였다. 왕은 왕답게, 신하는 신하답게, 아비는 아비답게, 자식은 자식답게 행동하면 세상은 올바르게 된다는 것이 명분론이다. 이러한 통치이념을 보급하기 위해 각 군현마다 향교(鄕校)를 세웠던 조선왕조였다. 이 때 부부자자는 효(孝)사상이며, 군군신신은 충(忠)이라는 명분을 담고 있다.

그런데 세조찬탈이 일어나자, 명분론은 일시에 무너져버렸다. 군왕(단종)을 신하(수양대군)가 군군신신답지 못한 행동으로 찬탈했기 때문이다. 이러한 명분불충(名分不忠)에 반기를 들고 일어선 것은 사육신들이었다. 그때부터 양심있는 선비들이 조정 출사를 꺼리게 되자, 조정은 권력을 앞세워 큰소리만 치는 권위주의 대감들로 채워졌다. 그러자 이들의 권력비리에 편승한 지방 관리들도 탐관오리 행동을 일삼으니, 조선왕조의 국운은 위기를 맞게 되었다.

이 같은 풍조가 만연되자, 향교는 과거공부에 치중하는 입시 학원으로 전락되었다. 이에 이르자 조정에서는 탐관오리를 양성하는 입시위주교육이 아닌 선비를 양성하는 인성교육의 필요성이 절실히 거론되기 시작했다.

이를 고심하고 있던 차에 어떤 대안 하나가 소백산 기슭에서 제시되었다.

백두대간은 소백산으로 연결되고 소백산 정상은 비로봉이다. 비로봉 줄기가 직접 내린 평지에 소수서원이 자리한다.

늦겨울에 소수서원 가는길, 아직 봄도 이른데 이곳 풍광들은 따사로운 햇살아래 졸고 있다. 길지(吉地)임을 알려주는 풍수광경이다.

소수서원 창건 - 무너진 공교육의 대안학교

　소수서원 남쪽으로 한 오리쯤 떨어진 곳에는 순흥(順興) 마을이 있다. 조선 초, 순흥도호부가 있었던 이곳은 인근지역을 다스리는 읍치(邑治)였다. 순흥 마을의 뼈대 있는 가문은 안(安)씨들이었으며, 그들은 고려 말부터 두각을 나타냈다. 우리나라 최초의 주자학자 안향(安珦:1243년 ~1306년)이 이곳 순흥에서 탄생했다.

　안향에 의해 전래되고 보급된 주자학은 90년 후 조선왕조 통치이념이 되었다. 명분론의 고향이던 순흥 사람들은 이를 대단한 자부심으로 삼고 있었다. 세조 찬탈로 인해 명분론이 뒤집어지자, 이에 반기를 든 지역이 순흥이었다는 것은 어쩔 수 없는 향토정서였다.

　세조는 하루아침에 순흥도호부를 혁파했고, 순흥 향교마저 없애 버렸다. 선비의 본향인 순흥이 글방 하나 없는 무지렁이 마을로 전락 된지 90년 후, 풍기 군수로 주세붕(周世鵬)이 부임했다. 당시 풍기군수는 순흥 마을까지 관할하는 관리였다. 주세붕은 학문을 좋아했고, 당시 임금인 중종도 학문중흥에 앞장섰던 군주였다. 주세붕은 부임 이듬해 향교를 풍기관아 근처에다 이전 신축했다. 그러나 이곳 사람들이 향교를 외면하여 풍수군수의 교육정책은 실패로 돌아갔다. 명분론이 실종된 공교육과 향교에 대한 반감 때문이었다.

　이에 대한 대안을 생각하던 주세붕에게 이곳 사람들의 숭배대상인 안향이라는 인물이 떠올랐다.

　안향은 주자학자로서 주자를 숭배했던 인물이다. 주자(朱子:주희, 1130년 ~1200년. 송나라사람)는 생존 시, 백록동서원(白鹿洞書院)을 세워 자신의 학문을 펴뜨렸던 일도 있었다. 서원(書院)이라는 명칭은 여기서 착안되었다.

　그러나 서원을 무작정 세울 수는 없었다. 향교교육이라는 알맹이를 서원이라는 포장지로 감쌌다는 여론이 조성되면, 서원설립도 무위로 돌아간다. 그래서

안향 초상화. 순흥 마을에서 출생한 안향은 우리나라 최초의 주자학자다.

주자학의 창시자 주자가 세운 중국의 백록동서원. 우리 서원들과는 배치양식이 전혀 다르다.

소수서원 사당 내부, 문성공(文成公)은 안향의 시호다. 이런 연유에서 이곳 사당은 문성공묘로 불러졌다.

제1장 소수서원

주세붕은 안향의 영정을 봉안할 사당을 순흥마을 가까운 곳에다 세웠다. 이것이 1543년에 세워진 문성공묘(文成公廟)다. 주세붕은 문성공묘 입지점까지 안향문중 입맛에 맞게끔 잡아주었다.

안향가문의 안축(安軸)이 지은 죽계별곡에서 명당형국으로 거론하였던 옛 숙수사 터를 택지했던 것이다. 이 같은 택지 내용과 문성공묘 설립 취지를 안향 문중에 알렸다. 당시 풍기군수를 감독하는 목사 안휘(安暉)에게 편지로써 알렸던 것이다. 이에 반대할 사람은 없었고, 행정과 재정지원까지 순탄하게 이끌어 내었다. 그러므로 서원이 아닌 안씨문중 사당 하나를 지어주었던 것이다.

문성공묘가 조성된 이듬해(1543년 8월)는 1주년 기념행사까지 치를 수 있었다. 이 같은 호응을 이용하여 기왕이면 공부방 하나를 짓자는 여론을 조성시켰다. 그리고는 공부하는 강당(講堂)하나를 바로 옆에다가 세웠다. 강당에 백운동서원(白雲洞書院)이라는 문패를 내걸자, 이것이 최초로 만들어진 서원이다.

순흥마을의 이러한 정서와 현실은 당시 조선왕조가 처한 종사위기 축소판과도 같았다.

순흥 인심 타개책에서 탄생한 백운동서원은 조선왕조가 종사 타개책으로 찾고 있었던 대안학교로써도 주목을 받게 되었다. 백운동서원 창건 소식이 조정에 알려지자 명종과 조정대신들은 일제히 환영했다. 서원을 국가적 사업으로 지원보급하자는 여론까지 조성되자, 백운동서원은 소수서원(紹修書院)이라는 사액(賜額)을 받게 되었다. 사액은 임금님이 하사(下賜)한 편액(扁額)을 말한다.

서원 현판을 국가로부터 받은 서원이 사액서원인 것이다. 소수서원은 우리나라 최초의 사액서원이다. 사액 당시 서원현판과 서적 그리고 서원노비와 서원전(書院田) 수만 평까지 나라로부터 받았다. 국가재정지원을 받는 소수서원은 얼마 후 퇴계 이황 선생의 서원교육관까지 합세하기에 이른다.

그러자 서원은 선비정신이 살아있는 교육장으로 확산되기 시작했다.

주세붕이 창건(1543년)한 소수서원 …

… 창건 당시에는 백운동서원이었기에 소수서원 강당에는 아직까지 백운동 문패가 걸려있다.

소수서원 전시관의 주세붕 초상화.

제1장 소수서원

들머리에서

 소수서원을 주차장 입구에서 보면 소나무 숲만 보인다. 지척에 있지만 숲에 가려서 보이지 않는 서원은 2개가 있다. 경주시 안강에 있는 옥산서원과 이곳 소수서원이다.
 대부분의 서원들은 어느 정도 거리에서 보면, 그 모습을 훤히 드러낸다. 또한 정문 앞에는 홍살문이 서 있고, 그 옆에는 오래된 나무 한그루가 서 있다.
 서원 앞에 서 있는 나무를 학자수(學者樹)라고 부른다. 서원 앞 학자수는 문방사우 중 붓을 상징한다.
 소수서원에도 학자수가 있긴 있다. 그러나 이곳의 학자수는 소나무 숲 그 자체라는 표현이 더 어울린다. 소수서원은 숲을 이루는 소나무 만큼이나 많은 사림(士林)들의 텃밭이었기 때문이다.
 조선왕조는 사대부(士大夫)사회였다. 대부(大夫)는 4품 이상의 문관과 2품 이상의 무관에게 붙는 조봉대부, 통정대부, 가선대부 등등의 품계명칭이다. 국사정책에 영향을 미칠 수 있는 관직이 대부였다.
 사(士)는 학문과 학식이 있으나, 벼슬길에 나가지 않는 선비를 칭했다.
 조선왕조의 이상향은 사대부 덕목과 선비정신에 있었다. 덕목을 지닌 사대부는 대부관직에 있다가도 조정에 소인배들이 득실거리면 즉시 사표를 내던지고 귀향했다. 그리고는 산림(山林)에 묻힌 선비로서 인격수양과 학문을 닦았다. 소인배가 정리되고 조정이 바로서면, 임금은 낙향한 선비에게 출사를 명했다. 임금이 부른다 하여도 때가 아니면, 산림에 그대로 눌러 있었던 것이 선비의 도리였다.
 출사치 않는다고 답답할 일도 없었다. 산림에 묻혀 학문의 진리를 발견하는 도락(道樂)과 더불어 젊은 제자들을 가르치는 기쁨은 무엇과도 바꿀 수 없는 산림선비의 특권이었기 때문이다.

정면에서 보아도 소수서원은 보이지 않고, 소나무 숲만 보인다.

서원 앞에는 보통 홍살문과 함께 학자수가 서 있다. 그러나 이 같은 양식은 소수서원 창건 10년 후에나 등장한 광경이다.

소수서원 숲속에는 홍살문 대신 당간지주가 보인다. 이런 서원은 이곳 소수서원 뿐이다. 여기에는 숭유배불이라는 주자제일주의 역사가 연관되어 있다.

퇴계 이황은 70여 회나 벼슬을 사양했다. 학문정진과 후학양성이 더 중요하다는 판단에서 그랬던 것이다.

이보다 더 지독한 선비도 있었다. 아예 평생을 출사하지 않았던 선비는 남명 조식이다. 당시 명종이 출사할 것을 끈질기게 종용하자 마지못해 경복궁 사정전에 가서 임금과 독대를 했다. 별 볼일 없는 임금이라는 판단이 서자, 그 길로 다시 지리산으로 귀향해 버렸던 선비였다.

그 같은 큰 걸음은 아무나 할 수 없는 행동에 해당한다. 벼슬길에만 급급한 소인배의 경우 벼슬감투 떨어진 그날이 적막강산이다. 그러나 낙향한 선비들에게는 산림이 기다리고 있었고, 산림에는 서원이 있었다. 그러므로 선비들에게 서원이란 조정마당보다 더 축복받는 명당이었다.

소수서원 앞에는 홍살문이 없다.

홍살문은 소수서원 창건 10년 후 조성된 남계서원 때부터 세워지기 시작했다. 그 대신 이곳이 절터였음을 알리는 당간지주가 서 있다. 당간지주를 몇 걸음 지나면 소수서원 정문이 보인다.

정문 옆에는 성생단(省牲壇)이라 쓰여진 작은 흙더미가 있다. 흔히들 생단(牲壇)이라 칭한다. 서원 제사상에 오르는 고기는 돼지고기였다. 희생될 돼지를 먼저 생단 위에 올려놓고 품질을 검사했다. 이때 제관이 "돌(腯:돼지가 살쪘냐고 묻는 말)"하고 물으면, 이를 검수한 검사관이 "충(充:충분하다)"했다. 그러면 제수용 제물로써 합격된 돼지는 생고기가 되어 제사상에 올랐다.

생단이 서원정문에 배치된 것은 소수서원뿐이다. 이런 것이 소수서원배치의 특징이기도 하다. 생단 뿐만이 아니다. 소수서원의 특이한 건물배치는 오직 소수서원에서만 볼 수 있다. 정문을 들어서는 순간부터 시작되는 이런 특징들을 하나씩 밝혀 가는 것이 소수서원답사의 진국이다.

소수서원 정문 앞. 정자 바로 아래로는 죽계 물줄기가 흐른다.

위 왼쪽사진 / 숲속에는 학자수라고 칭한 나무도 있긴 있는데, 오히려 소수서원을 감싸는 소나무 숲 그 자체가 사림(士林)이라는 선비무리와 더 어울린다.

위 오른쪽사진 / 소수서원 성생단.

아래 오른쪽사진 / 도동서원 생단, 갈수록 세련되어 갔다. 서원들의 배치도 차츰 세련되어 갔다.

강당 – 몸통옆구리 터진 건물

소수서원 정문.

정문 속을 쳐다보면 문 속으로 건물 하나가 보인다. 강당(講堂)이다. 강당은 강학당(講學堂)에서 따온 명칭으로 학문을 연구하고 강의하는 건물을 말한다. 절집의 경우 법을 설하는 법당(法堂)과도 같은 건물이 서원의 강당이다. 대부분의 서원 강당과 절의 법당을 정면에서 보면, 일자지붕과 함께 현판이 보인다.

그런데 소수서원 강당건물을 정면에서 살펴보면, 이상한 광경이 발견된다. 서원 강당에 걸려 있어야 하는 현판이 없다는 것이다. 절 법당에도 대웅전이나 대웅보전이라는 현판이 걸려있다. 그런데 글공부를 하는 서원강당 정면에 글자한자 걸어놓지 않았다는 것은 누가 보아도 상식 밖의 일이다.

이상한 것은 또 있다. 한옥 건물은 정면 중앙에다가 주출입문을 둔다. 그러나 소수서원 강당의 칸수는 4칸이라는 짝수이기에 주출입문 중앙배치가 불가능하다. 이를 고심했던 탓인지 기단중심에서 벗어난 남쪽에다가 계단을 설치했다. 문제의 계단을 오르면 마주치는 문짝이 있고, 양편으로 문짝들이 하나씩 있기에 이것을 중앙출입구라 할 수도 있지만, 그래도 어색하기는 마찬가지다.

위사진 / 마당에서 본 소수서원 강당정면은 건물 자체가 이상하다. 있어야 할 현판도 생략되어 있다.

오른쪽사진 / 사찰법당. 한옥 특유의 정면 광경을 보여주고 있다.

 어색한 것은 또 있다. 북쪽 한 칸을 벽으로 처리하여 방으로 만들어 놓은 아래 기단을 보면, 불을 지피는 아궁이가 보인다. 정면에다가 저렇게 툭 터진 아궁이를 둔 한옥건물은 없다.
 결론적으로 말하자면, 소수서원 강당 동쪽은 정면이 될 수 없다.
 그렇다면 소수서원 강당 정면은 동, 서, 남, 북 중 어느 곳일까. 다시 정문 앞으로가서 관찰하여보자. 정문 속을 살펴보면, 문 속으로 문제의 건물 옆구리가 보이는데, 처마 아래에 백운동이라는 현판이 걸려있다. 백운동 현판이 걸린 건물 옆구리를 중앙에서 보면 홀수에 해당되는 3칸 구조가 드러난다. 그러므로 건물 옆구리에 해당되는 남쪽이 강당 정면인 것이다.

　강당건물 남쪽 문 속을 들여다보면, 소수서원 편액이 정면으로 걸려 있고, 편액에는 제13대 명종이 하사했다는 기록이 적혀있다. 편액 좌측(사진으로는 우측편)에는 명묘어필(明廟御筆)이라는 글자가 보인다. 여기서 명(明)자는 제13대 임금인 명종(明宗)을 가리킨다. 그런데 묘(廟)가 붙은 것은 명종이라는 명칭 때문이다. 명종은 왕이 승하(사망)한 이후에 붙여지는 묘호(廟號)이기에 명묘(明廟)라고 붙여놓은 것이다.

　소수서원 사액 시기는 반대편에 쓰여진 가정 29년 4월에서 짚어볼 수 있다. 가정은 중국식 연호로써 이를 계산해보면, 1550년 4월인 명종5년이 나온다.

　가정29년 4월이라는 글자들을 따라 내려오는 쇠꼬챙이 하나가 보인다. 서원 강당과 한옥건물에서 자주 보는 물건이다. 저것을 걸쇠라고 한다. 한옥 문짝을 걸어 놓는 쇠이기에 걸쇠라고 했다. 겨울에는 온돌온기를 보존하려고 문짝을 닫아놓고, 무더운 여름날에는 문짝을 들어 올려 걸쇠에 걸어서 활짝 개방시킨다.

　불을 지피지 않아 차가워진 구들장의 냉기가 사방을 관통하는 바람을 만나면, 한옥은 통째로 친환경 에어컨이 되어버린다. 이곳에서 선비가 꼿꼿이 앉아 독서를 한다면 그 자체가 운치 있는 한 폭의 동양화다.

　시원했기에 구중궁궐에 해당되는 지밀한 왕비침전도 걸쇠에다 문짝을 걸어서 활짝 개방시켰다. 이런 것이 우리 한옥만의 장점이다.

다시 정문 속을 들여다보면 백운동이라는 문패가 보이고 …

… 건물 측면을 자세히 살펴보면 이는 측면이 아닌 강당 정면이라는 것이 드러난다.

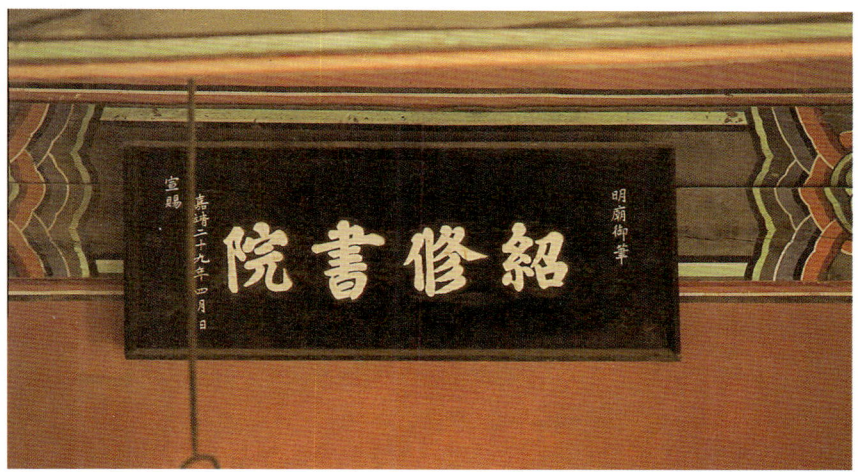

명륜당 내부를 들여다보면 소수서원 현판도 남면하고 있다. 창건 당시 유학은 이미 무너져버렸다. 그래서 이를 다시 이어 닦는다는 소이수지(紹而修之)에서 소수(紹修)라는 사액명칭을 하사받은 것이다.

강당 지붕 밑에 매달린 걸쇠 …

…왕비안방인 경복궁 교태전도 걸쇠로 개방시켰다. 저런 구조를 갖춘 문을 '들어열개문'이라 한다.

제1장 소수서원

강당 - 군주는 남면하라

향교라는 공교육이 무너져버린 시대에 대안학교로써 등장한 것이 서원이다.

향교교육에 대한 반발이 서원교육이지만, 둘 사이에는 유교교육이라는 공통의 교육관이 존재한다.

향교의 강당들은 모두 명륜당(明倫堂)이라는 현판을 내걸고 있다. 소수서원 강당도 명륜당이라고 칭한다.

그러나 소수서원 이후 2번째로 창건된 남계서원 강당은 명성당(明誠堂)으로 칭했다. 명륜당이든 명성당이든 현판글자 중 가운데 글자만 생략하면 모두 명당(明堂)이 된다. 명당이라는 글자 속에는 유교교육관과 함께 서원강당배치 지시문까지 들어있다.

명당이란 글자 중 명자는 밝을 명(明)자다. 밝다는 것은 모든 것을 드러내 놓는 공개를 뜻한다. 자신의 소신이 떳떳하고 올바른 것이라면, 그것은 광명 천지에 드러낼수록 좋다. 그 같은 연유에서 유교이상의 정치덕목은 명당정치를 지향했다. 오늘날로 말하자면, 정경유착과 권력야합이라는 뒷거래가 오가는 야밤 중 요정정치는 하지 말고, 백주대낮에 공개토론정치를 하라는 것이 명당정치다.

군주와 신하간의 국사논의에는 언제나 사관(史官)이 입시하여 그 내용을 낱낱이 적었다. 현재 뿐만 아니라 후일의 역사 앞에서도 공개되어야 한다는 것이 명당정치의 이상향이었다. 이러한 기록들이 모여 집대성된 것이 오늘날 조선왕조실록이다.

명당의 밝을 명(明)자는 동서남북 중에서도 가장 밝은 남쪽을 가리킨다. 인하여 유교덕목으로 군주는 남면하라는 말이 생기게 되었다.

창건 때, 주세붕도 강당을 남면시키려 했다. 그러나 부지조건에 제약이 있었다. 순흥마을 인근에서 안향사당(문성공묘)택지를 물색하다보니, 영구봉 동쪽 옛 숙수사지가 가장 적당한 명당이었다. 그곳에 사당을 세웠다. 1년 후 강당 지

소수서원 강당인 명륜당(明倫堂)에서 원생들이 열심히 공부하고 있다. (소수서원 전시관 모형)

10년 후에 창건된 남계서원 강당은 명성당(明誠堂)으로 개명되었으나 명(明)자와 당(堂)자는 변함없이 들어있다.

명당(明堂)은 유교정치의 이상향이다. 경복궁 근정전마당에 시민들이 모여 있다. 시민토론의 장이었던 아크로폴리스, 광장시민정치, 열린정치, 참여정치, 이러한 공개정치를 민주주의 정치라 한다. 이를 두고 동양에서는 밝은 명(明) 마당(堂)자를 사용하여 명당정치라 하였던 것이다. 이 같은 명당은 강당명칭과 남면배치 속에 들어있다.

을 터를 이리저리 따져보니, 숙수사지 법당 터가 가장 적당했다. 90년 전에 불타버린 법당이지만, 기단초석들이 남아있었기 때문이다. 그런데 남향이 아닌 동향기단이었다. 동향한 기단 초석들을 해체하여 남향으로 변환시킬 수도 있었다. 그러나 그럴 경우 두 가지 문제가 발생한다.

당시 듣지도 보지도 못했던 서원 배치를 만들어야하는 주세붕에게 참고 될 자료는 오로지 향교배치뿐이었다. 향교의 경우 앞에다가 대성전(사당)을 배치시키고, 뒤에는 명륜당(강당)을 배치한다.

전(前)면에 높은(上) 건물(대성전)을 배치하고, 후(後)면에는 낮은(下) 건물(명륜당)을 배치하는 것을 전상후하(前上後下)라 한다. 평지 향교들은 모두들 전상후하 법칙을 따르고 있다. 이때 동향한 기단을 남향으로 바꿔놓으면 사당과 강당은 모두 남면하게 되나, 강당이 사당 전면에 놓인다. 이것은 전상후하라는 유교예제를 깨뜨리는 배치가 된다.

강당을 사당 뒤쪽으로 끌고 가서 남면시킬 수도 있었다. 직방재와 일신재 지점으로 말이다.

이때는 풍수문제가 발생하게 된다. 옛 숙수사 법당 터가 풍수 혈 자리이기에 숙수사도 그 지점에다가 법당을 잡았다. 그런데 이 자리를 떠난다는 것은 멀쩡한 혈 자리를 무용지물로 만들어 버리는 것과도 같다. 더군다나 숙수사 옛 법당은 영구봉을 배산으로 죽계천을 임수로 삼은 배산임수 명당조건까지 갖추고 있기에 더욱 그랬다.

문제는 또 있다. 사당 남향에 강당까지 남향을 시킬 경우 소수서원 재력은 물 쓰듯 빠져나가 버린다. 죽계물줄기가 남쪽으로 그것도 직류로써 빠져나가기 때문이다. 이는 남쪽으로 빠져나가는 옥천 물줄기 때문에 정전을 동향시켰던 창경궁배치와도 똑 같다. 유교 남면이냐 풍수 동향이냐에 고심하고 있던 주세붕에게 넌지시 그 방법을 일러주었던 풍수 커닝페이퍼 문화재 하나가 인근에 있었다. 그것은 영주 부석사였다.

모든 향교배치에 모델이 되었던 문묘(성균관) 조감도. 대성전이 앞에 있고 명륜당은 뒤에 있는 전상후하(前上後下)예제 배치를 보여주고 있다. 소수서원 기본모델은 이를 따른 것이다.

현 소수서원 강당은 군주남면을 보여주고 있다. 그러나 옛 숙수사 법당은 동향하고 있었다. 배산임수배치로 보면 강당 동향이 유리하다. 이점이 군주남면을 따라야했던 창건당시 주세붕의 고민이었다.

왼쪽, 오른쪽사진 / 소수서원 터에서 볼 수 있는 숙수사지 흔적들.

제1장 소수서원

강당 - 전통문화재에는 흐름이 있다

소수서원은 경북 영주시 순흥면에 자리한다. 같은 영주시 부석면에는 부석사도 있다. 소수서원과 부석사는 30리 거리에 있기에 차량으로 접근하면 불과 15분 거리다. 문화재 답사 길로 치면 지척에 해당된다. 그런 까닭에 소수서원을 관람한 대다수의 사람들은 부석사까지 관광코스를 잡는다. 부석사는 당시 풍기군수 주세붕의 관할구역이기도 했다.

부석사는 신라시대 의상대사가 676년에 창건했다. 소수서원보다 959년 전에 창건된 부석사의 법당은 무량수전이다. 국보 제18호인 무량수전은 남향하고 있다. 그러나 내부를 들여다보면 남향이 아닌 동향이라는 사실이 드러난다. 법당 안에 모셔놓은 불상(소조여래좌상 국보제45호)이 동향하고 있기 때문이다.

절에서 법당이 중요할까. 법당 안에 모셔놓은 불상이 중요할까를 물어보면, 누구라도 불상이 더 중요하다고 한다. 부석사를 창건한 의상 역시 불상이 바라보아야할 방향을 설정한 후, 무량수전 건물배치를 잡았던 것이다. 이 때 산기운을 넣어주는 봉황산을 고려하자 법당은 남향하게 되었다.

부석사 불상이 동향한 것은 같은 연대에 조성된 토함산 석불의 동향과도 통한다. 이곳 옛 숙수사 불상도 그들과 똑같이 동향하고 있었다. 봉황산 부석사, 토함산 석불사, 영구봉 숙수사 모두 비슷한 시대에 창건된 화엄사찰들이다. 당시 화엄사찰 불상들의 동향은 그 시대의 흐름을 반영하고 있다. 이러한 흐름들이 우리 전통문화재 속에는 항상 내재되어 있다는 것이다.

소백산 너머 북쪽은 영월군이다. 영월군 영월읍에는 엄홍도가 한밤중에 암장한 제6대 단종왕릉이 있다. 3족을 멸한다는 세조의 어명 때문에 쥐도 새도 모르게 매장한 단종왕릉이 풍수명당 정혈인 용수지장(龍首之藏)이라는 것은 근래 개인답사 때 밝혀졌다. 확률로 치면 로또복권당첨보다 더 어려운 택지에 해당된다. 단종왕릉의 용수지장은 10년 가까이 신기루처럼 따라다녔던 풍수화두였다.

부석사 무량수전은 남향한 건물이지만 실제로는 동향하고 있다. 무량수전 내부에 있는 불상이 동향하고 있기 때문에 남향한 건물일지라도 동향이 된다.

무량수전 전면에 있는 범종루는 건물 옆구리에 주출입구가 있다. 결국 건물측면이 누각정면인 셈인데 …

… 이것을 고스란히 커닝하여 그대로 세운 것이 소수서원 강당이었던 것이다.

그로부터 10년 후, 영월군 수주면에 있는 법흥사 적멸보궁의 풍수를 보자마자 풍수화두가 일시에 풀렸다. 800여 년 전 자장율사가 잡은 적멸보궁 용수지장 장법을 엄흥도가 그대로 커닝한 것이었다. 이런 경우 용수지장은 문화재에서 문화재로 흘러간 풍수장법인 셈이다.

부석사 무량수전은 풍수남향인 동시에 불교 동향을 충족시키는 국보문화재가 된다. 이러한 흐름이 주세붕에 의해 30리 아래에 있는 소수서원 강당으로 흘러간 것이다.

소수서원 강당은 풍수 동향에 유교 남면을 충족시킨다. 그럴 경우 강당은 사당과도 같이 남면하지도 않기에 전상후하 예제에도 저촉되지 않는다. 부석사 무량수전배치가 주세붕의 소수서원 강당배치 고민을 일석이조로 해결해 주었던 것이다.

사찰법당이 서원 강당으로 탈바꿈하자 주변 명칭에도 변화가 생기게 되었다. 동향한 강당을 뒷면에서 관찰하면 남쪽에 정문이 보이고, 정문과 강당 사이로 봉긋이 솟은 산봉우리가 보인다. 동향한 강당 건물의 앞산이다. 풍수에서는 주요 본채와 마주하는 앞산을 중요시 했다. 선조들은 저렇게 복스러운 산봉우리 안대(案對:마주하는 앞녘의 산)를 그냥 지나치지 않았다. 무슨 명칭을 붙여도 붙여 놓았다. 그래야 산복(山福)을 받는다고 생각했던 것이다.

이곳이 숙수사였을 때는 저산을 연화산(蓮花山)이라고 불렀다. 연꽃은 불교 절집과 인연이 있기 때문이다. 그러나 소수서원 강당이 그 자리에 대신 들어서게 되자, 서원과는 별 볼일 없는 연화산 명칭은 유교식으로 변경되었다.

소수서원 앞에 있는 저 산은 군자산(君子山)이다 라고 말이다. 오늘날 명칭도 군자산이다.

영월군 주천마을에 서 있는 이정표. 법흥사 풍수를 커닝한 것이 단종 왕릉풍수다.

단종왕릉, 사진을 찍고 있는 이곳을 용주둥이로 잡고, 봉우리 정상을 용머리로 보면, 용대가리를 올라타고서 이마 중간에 택지된 것이 단종왕릉이다. 이런 광경을 용수지장이라 하는데, 이를 기억하고서 오대산과 법흥사 적멸보궁들을 살펴보면 똑같은 용수지장 광경임을 알게된다.

강당 동쪽편에 마주하고 있는 산이 군자산이다.

사당 - 선현배향과 풍수

 유교처럼 평범하고 쉬운 것도 없다. 아주 평범한 일상사에서 출발한 것이 유교였기 때문이다. 유교는 나로부터 시작된 학문이었다. "내 몸을 아끼듯 다른 사람도 아껴라" 이해하기 어려운 말은 아니다. 단지 행동하기가 어려울 뿐이지. "집에서의 효자가 나라의 충신이 된다." 이 역시 나로부터 확장되는 진행선상에 놓여있다. 즉 내 몸을 닦고 내 몸 아끼는 마음으로 가까운 사람부터 아껴준다. 그런 마음과 행동으로 나라를 다스리면 세상은 잘 된다. 이런 것이 수신제가치국평천하(修身齊家治國平天下)라는 덕목이다. 서원은 수신 하는 곳이다. 지표가 될 정신적 스승이 필요했다.

 사당은 그러한 스승을 배향한 공간이다. 향교 대성전(大成殿:사당)에는 공자, 맹자 등 여러 성현들을 배향하고 있다. 향교는 조선왕조 개국과 동시에 조선팔도에 세웠던 국립대학이다. 나라에서 세운 관학(官學)이기에 하나의 통일성을 갖추고 있다. 한양에 있는 성균관에서부터 제주도에 있는 제주향교에 이르기까지 사당 명칭들은 모두 대성전이라는 문패를 달고 있고, 똑같은 대성전에다가 똑같은 성현들을 배향하고 있는 것이 향교인 것이다.

 조선 초기 관학교육이 배출한 최고 인재는 세종 때의 집현전 학사들이었다. 그런데 집현전학사들이 세조찬탈에 대항한 사육신들이었기에 향교 관학교육은 말짱 도루묵이 되어 버렸다. 그러자 향교사당에 배향했던 공자, 맹자 같은 성현들도 쇠귀에 경 읽기식이 되었다. 말로만 공자님 말씀이지 실제로는 시정잡배 양성소라는 불신풍조가 만연되자, 확실히 믿고 따를 수 있는 보다 직접적인 스승이 필요했다. 성현을 책에서 찾지 말고 현실에서 찾아 모시자는 타개책이 제시되었고, 그로 인해 서원사당들은 연고지 선현을 배향하게 되었다.

 그 곳 출신이거나, 그 지역에서 공부했던 서당이 있었거나, 유배지로써 선현과 어떤 연고가 있으면, 그 선현의 영정을 서원 사당에 배향했던 것이다. 그러

소수서원은 사당을 먼저 세우고, 사당 좌측편인 동쪽에다가 강당을 만들었다. 그러므로 소수서원은 가장 먼저 세운 사당을 중심으로 배치된 사당중심서원이다.

위 왼쪽사진 / 문성공묘.

위 오른쪽사진 / 사당(문성공묘). 소수서원은 사당을 중심에 두고서 살펴보면 질서정연한 법칙들이 하나씩 밝혀진다.

아래 오른쪽사진 / 문성공묘 제향광경.
(소수서원 전시관 모형물)

문성공묘 뒷담을 보면 봉긋하게 솟아오른 지맥선이 식별된다. 지맥선을 대숲이 보호하고 있는데 …

… 이러한 지맥선(내룡입수)은 세종왕릉 뒷담(곡장)에서도 발견된다.

므로 서원의 경우는 사당에 배향된 선현들이 각각 달랐다. 사당에 배향한 선현이 다르듯 서원은 자율적 교육조직으로써 국가의 간섭을 받지도 않았다. 이른바 조선왕조 사립대학교가 서원이었던 것이다.

연고지 선현을 배향한다는 서원의 특징은 이곳 소수서원에서 시작되었다. 사당에 배향된 선현의 정신을 본받아 강당에서 공부하는 곳이 서원이기에 강당은 사당과 함께 서원 내에서도 중요한 건물에 속한다.

강당과 사당을 풍수로써 분류하면, 강당은 원생들이 활동하는 공간이기에 양택(陽宅:주택)풍수에 해당된다. 반면 사당은 운명한 선현을 배향한 공간이기에 음택(陰宅:무덤)풍수에 속한다.

소수서원은 문성공묘라는 사당을 우선시 하는 음택풍수 서원인 것이다. 그러므로 풍수 혈 자리에 문성공묘를 입지시켰다.

소수서원 문성공묘 뒷담을 살펴보면, 대나무 숲 부분의 지표가 봉긋이 솟아올라 있다. 이것은 문성공묘에 땅기운인 생기(生氣)를 넣어주는 입수(入首 : 생기 공급선 끝머리라는 풍수용어) 지맥선에 해당된다. 이 같은 지맥선은 조선 왕릉

문성공묘 지맥선을 역추적하면 10m 뒤편에 있는 담장 모서리 부분이 둥글게 부풀어 올라 있다. 풍수 잉(孕)이다.

이덕형 무덤 지맥선도 역추적하면 5m 뒤편에서 둥글게 부풀어 있는 부위가 발견된다. 조선왕릉 뒤편에서도 항상 발견되었던 풍수 잉(孕)이다.

의 최대 명당 혈이라는 세종왕릉 뒷담(곡장)에서도 찾아 볼 수 있다. 또한 지맥선 뒤편에는 잉(孕:생기를 넣어 주려고 하는 생기주머니를 가리키는 풍수용어)이 있어야 한다. 음택 명당혈로 널리 알려진 이덕형의 무덤이 있다. 무덤 봉분과 잇대어진 지맥선이 식별되고, 지맥선 뒤편으로는 봉긋이 솟아오른 잉도 보인다.

 이를 염두에 두고서 문성공묘 뒤에 있는 전사청과 서원 북쪽 담장사이로 가서 서쪽 담벼락을 쳐다보면, 봉긋이 솟아있는 흙더미가 담장 귀퉁이에 걸려있다. 이것이 문성공묘의 풍수 잉이다. 소수서원 답사 때, 이러한 풍수현상들을 하나씩 역추적해보면, 이제껏 우리가 모르고 있었던 새로운 사실들을 알려준다. 이 점 문화재 풍수답사만이 알려주는 새로운 답사방식이다. 이른바 풍수테마가 있는 새로운 여행답사인 것이다.

사당 - 영구하산형의 혈

 소수서원 주차장에서 북쪽을 바라보면, 소백산 연봉들이 한 눈에 들어온다. 우람한 근육질의 연봉 너머는 충청북도이고, 남쪽인 이곳은 경상북도다.
 소백산의 주봉인 비로봉(1439.5m) 기세가 동남쪽 산줄기를 타고 내려가다가 원적봉(961m)에 이른다. 원적봉에서 곧장 남쪽으로 밀고 내려간 산줄기가 비봉산을 만드니, 이는 안향이 탄생한 순흥마을의 진산(鎭山)이다.
 또다시 동쪽으로 뻗어가던 원적봉 산줄기는 낮은 동산과 평탄한 논두렁을 지나가다 죽계천을 만나자, 그 앞에 아담한 동산 하나를 만들어 놓았다. 머리를 길게 내민 거북이 모양을 닮은 동산이기에 예로부터 이곳을 영구봉(靈龜峯)이라 불렀다.
 영구봉과 죽계천 사이에는 제법 평탄한 터가 있다. 그곳에 영구봉을 배산으로 죽계천을 임수로 삼아 자리하고 있는 것이 소수서원이다.
 이러한 소수서원을 두고 거북이가 알을 품는 터라는 풍수풍문이 오래전부터 전해져 내려온다. 틀린 형국은 아니다. 그러나 시야를 넓혀 영구봉에서 소백산 비로봉까지 한눈에 담고서 관산하면, 이런 풍수 논리가 성립된다.
 비로봉은 해발1440m나 되는 높은 영봉이다. 이에 비해 영구봉은 해발250m에 불과하다. 이는 비로봉 산줄기가 1200m나 아래로 떨어졌다는 낙맥에 해당된다. 비로봉이 낙맥(落脈)되어 만든 영구봉은 평지(平地)에 있다. 이러한 광경을 풍수에서는 낙지(落地)라 한다. 낙(落)맥이 땅(地)으로 떨어진 광경을 설명하는 풍수용어다. 영구봉이라는 영구(靈龜:신령스러운 거북이라는 명칭)에 낙지(落地)를 덧달아서 영구낙지(靈龜落地)라고 붙일 수도 있다.
 그러나 거북이가 높은 곳에서 떨어지면(落地) 이는 추락사가 된다. 그래서 낙지가 아닌 하산(下山)으로 바꿔 불러야 한다. 인하여 영구하산형(靈龜下山形), 신령스러운 거북이가 산에서 내려온다는 것이 소수서원의 풍수형국인 것이다.

웅장한 소백산 비로봉이 동남쪽으로 산줄기 하나를 뻗어 내려준다 …

… 뻗어 내려온 **풍수지령**은 들판을 건너다가 죽계 물줄기를 만나자 그 앞에 멈춰서 영구봉을 만드니 …

… 영구봉을 배산(背山)으로 죽계천을 임수(臨水)로 삼은 품안에는 소수서원이 자리한다.

만약 소수서원을 거북이가 알을 품고 있는 터 정도로 해석한다면, 영구봉과 죽계천 사이에 옹기종기 모여서 잘 먹고 잘 살라는 풍수발복 정서가 되어버린다. 이는 문중 제사서원에나 어울리는 형국인 것이다.

반면 이곳을 영구하산형이라고 한다면, 이는 소수서원 정신과 위상에도 잘 어울린다. 백두대간 기세를 소백산 산줄기로 이어 받아서 백두민족 기상을 발원시키는 소수서원이 되기 때문이다.

영구봉은 소수서원의 주산(主山:풍수기운을 직접 넣어주는 산)이다. 소백산의 기운을 이어받은 영구봉의 생기가 어떤 경로를 통해 소수서원으로 직접 들어가는지를 살펴보기로 하자.

영구봉 중턱쯤 올라가 아래쪽을 내려다보면, 산줄기가 꿈틀거리듯 내려가는 광경이 목격된다. 이러한 산줄기를 태(胎:탯줄이라는 풍수용어)라고 한다. 탯줄은 숨을 쉬고 있어야 살아있는 생기 산줄기가 된다. 산줄기가 좌우로 꿈틀대거나 상하로 출렁거릴 경우, 이를 생기 있게 숨을 쉰다는 탯줄의 호흡인 식(息)으로 친다.

소수서원의 태식(胎息)현상은 육안으로 관찰하여도 출중하다. 영구봉의 태식 산줄기는 국기 게양대 깃봉 조금 앞 지점에 이르러 서원경내로 들어간다. 이를 서원 내부에서 다시 살펴보면, 이는 앞서 보았던 문성공묘의 잉 지점과 연결되었다는 것이 한눈에 드러난다. 이것이 소수서원 문성공묘의 풍수골격이다.

소수서원은 사당중심서원이기에 영구하산형이라는 대혈(大穴)자리에 사당을 입지시켰던 것이다. 혈 자리가 밝혀지면, 그 때부터 모든 배치는 풍수법칙으로 술술 풀려나간다.

영구봉 줄기가 꿈틀거리면서 아랫쪽으로 뻗어내려간다. 꿈틀거리는 산줄기 현상을 두고 풍수에서는 식(息)이라 한다.

영구봉을 내려오던 산줄기(胎)는 방향을 틀어 소수서원 경내로 들어간다. 일자 담이 끝나고 계단식 담이 시작되는 지점으로 들어간다.

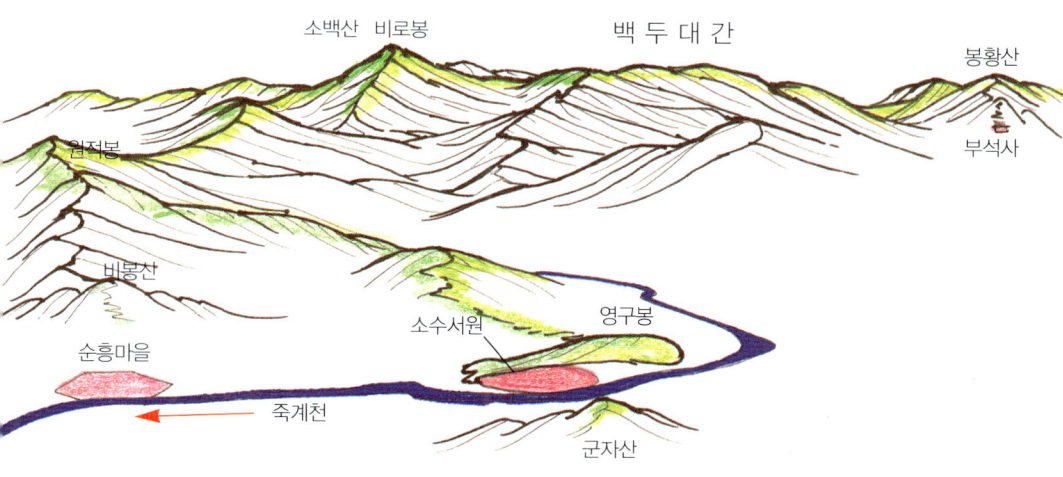

소수서원 영구하산형 설명그림.

제1장 소수서원

소수서원 이렇게 보기 – 사당과 강당

 소수서원을 처음 답사한 제자들에게 백지 위에다 건물배치를 그려 보라고 했다. 그러자 열이면 열 명 모두 제각각 다르게 그렸다.
 오죽 했으면 한국 건축의 전문가들도 소수서원을 비정형적인 무질서한 배치라고 했을까. 소수서원을 아는 것은 배치도를 그려보는 것에 있다. 만약 제대로 그렸다면 여러분은 우리문화재 배치들은 읽을 줄 아는 지식인이 된다.
 우리문화재를 이해하려면, 문화재를 만든 그 당시 선조들의 눈으로 읽어야 한다. 오늘날 소수서원은 선조들이 만든 건물면적의 2배에 이른다. 그러므로 근래에 덧붙인 건물들을 제외하면, 조감도처럼 절반만 남는다. 이중 사당과 강당의 배치만 이해하면, 나머지 배치는 그냥 덤으로 따라온다. 나머지는 사당부속건물이거나 강당부속건물이거나 둘 중 하나에 속하기 때문이다.
 예로부터 한국인들은 집터를 잡을 때 배산임수(背山臨水)를 가장 먼저 따졌다. 뒷산과 앞쪽 물줄기 사이에 적당한 터가 있으면, 그곳에서 혈(穴)자리를 물색했다. 이는 오늘날 산소자리를 잡는 무덤풍수들의 행동순서와도 같다. 소수서원도 그와 같은 방법으로 택지되었고 사당 또한 그 같은 방법으로 입지되었던 것이다.
 문성공묘가 혈 자리라는 것은 앞서 살펴보았다. 그리고 영구하산형과 영구봉의 산줄기 태, 식, 잉도 이미 파악되었다. 또한 소수서원은 혈 자리에 사당을 입지시켰기에 사당중심서원에 속한다. 만약 제1혈에 강당을 입지시켰을 경우는 강당중심서원이라고 부른다.
 소수서원은 사당중심서원이기에 사당을 중심으로 삼고서 모든 배치는 설계되었다.
 이곳 사당은 남향을 하고 있다. 그리고 사당 좌측은 좌청룡에 해당되고, 우측은 우백호에 해당된다. 좌청룡과 우백호가 감싸주는 것을 장풍(藏風)이라 한다.

오늘날 소수서원 안내조감도.

안내조감도로 보는 원래의 소수서원.

원래 소수서원은 사진과 같은 광경의 건물들이 있었다.

소수서원 사당의 우백호는 영구봉 산자락이 이에 해당된다. 그러나 사당 좌청룡 산자락은 존재하지 않는다. 군자산을 좌청룡 산자락으로 삼을 수는 없다. 왜냐하면 죽계천 너머에 있는 군자산은 물건너간 산이기 때문이다. 사당 좌측에는 강당이 있다.

남북으로 놓인 강당이 사당을 감싸는 좌청룡 역할을 담당하고 있었던 것이다. 이러한 좌청룡 역할 때문에 동향한 옛 숙수사 기단을 남면시키지 않고, 그대로 강당 건물을 세웠던 것이다. 사당은 죽은 자의 공간이기에 음택 풍수에 속한다. 그러므로 사당을 혈 자리에 입지시킨 소수서원은 음택이라는 무덤풍수법칙에 걸리게 된다.

조선 왕릉들을 살펴보더라도 우백호 자리가 좌청룡 자리보다 더 높다는 것이 음택 풍수 법칙이다. 이를 우상좌하(右上左下)라 한다. 소수서원 배치 역시 우상좌하법칙에 따라 배치되어 있다.

사당을 중심에 두고 따져보면 이렇다. 문성공묘(사당)의 우백호에 속하는 영구봉 담장너머에서 찍은 사진을 보면, 사당 좌측 편에 강당이 있다. 좌청룡처럼 가로놓여 있는 강당 우측에 사당이 자릴 한다. 이럴 때 우측에 있는 사당은 우상(右上)에 속하고 강당은 좌하(左下)라는 음택 상하서열이 성립된다. 이것이 음택 풍수 문화재의 배치기준이다.

소수서원에서 사당이 강당보다 높다는 논증은 강당(講堂)과 문성공묘(文成公廟)라는 명칭에서도 알 수 있다. 묘(廟)가 당(堂)보다 높은 명칭이기 때문이다. 조선왕조 때 사대부들의 조상을 모신 제사공간을 사당(祠堂)이라 했다. 그러나 왕족들의 조상을 모신 제사공간은 사당이라 하지 않고 종묘(宗廟)라 칭하였다. 묘(廟)가 당(堂)보다 높았기 때문이다. 그러므로 소수서원은 유교예제명칭으로 보나 풍수법칙으로 보나 사당중심인 음택 서원이라는 것이 확연히 입증된다.

강당 우측(사진상으로는 좌측)편 문성공묘는 우상(右上)자리에 속한다. 이런 것이 음택풍수 법칙에 속한다.

3개의 봉분 중 가장 우측에 있는 봉분이 우상(右上)에 속하기에 왕이 영면 하고 있다.

문성공묘 좌측인 좌하(左下)자리에 강당인 명륜당이 있다. 그러므로 소수서원은 강당(左下)보다 사당(右上)을 중요시 한 음택서원인 것이다. 왕릉배치도 이와 똑같다.

소수서원 이렇게 보기 - 사당 공간

혈 자리를 강당이 차지하고 있으면, 이는 강당중심서원으로 공부를 중요시하는 서원이다. 도산서원이 이에 속한다.

혈 자리를 사당이 차지한 소수서원은 사당중심서원이다. 그러므로 소수서원에서는 사당공간을 먼저 답사하는 것이 서원을 이해하는 요령이 된다.

공자와 맹자를 대성전에 모신 성균관과 향교들도 사당 중심인 음택배치를 하고 있다. 평지(平地)에 있는 향교나 성균관 문묘를 보아도 사당인 대성전을 전면에 두고, 후면에는 강당인 명륜당이 배치되어 있다. 이러한 예제배치를 전상후하(前上後下)라 한다. 전상후하라는 예제배치는 평지향교의 설계법칙이기도 했다. 향교를 기본모델로 삼은 소수서원 역시 전상후하 법칙을 따른다.

문성공묘 뒷담에는 세 칸 건물이 있다. 전사청(典祀廳)이다. 사당에서 지내는 제향(제사)을 위해 지어 놓은 창고다. 사당제사 창고를 전사청이라 부르는 것은 통일신라 때 제사를 맡은 관청을 전사청이라 했던 것에서 유래되었다. 소수서원이후 전사청은 사당 공간속으로 소속되었고, 사당나무도 등장하게 되었다.

소수서원에서는 볼 수 없지만, 사당을 대표하는 나무는 백일홍이다. 서원이나 사당 주변에서 자주 보게 되는 백일홍은 악귀를 쫓는다는 붉은 꽃을 백일동안이나 피운다. 이는 잡귀의 출입을 막는 홍살문의 붉은 색과도 통한다. 나무의 성장도 더디기에 사당나무로써도 안성맞춤이다. 성장이 더딘 나무이기에 사당 옆에 심어도 뿌리가 건물 주춧돌에 영향을 주지 않는다. 또한 나뭇결이 꿈틀거리듯 기이하게 생겨 도깨비 쫓는 도깨비 나무라는 이야기까지 전해져 내려온다. 백일홍은 정말 신기한 나무다. 나무줄기를 손으로 살살 간질이면, 나무가 간지럼을 탄다. 감각이 통하듯 살아 있는 나무이기에 서원 뜰에 심어놓고서 살아있는 선현정신을 상징하기도 한다.

전사청 뒷녘에는 영정각(影幀閣)이 있다. 선현들의 영정을 모신 곳이다. 여기

향교배치에 따른 소수서원 사당공간배치. 사당을 앞에 두고 부속건물들을 뒤에 배치한 이런 것이 전상후하(前上後下)법칙이다.

전상(前上)에 문성공묘를 두고, 문성공묘 뒷담인 후하(後下) 자리에 배치된 전사청.

도동서원 사당공간 건물들은 모두 한울타리 속에 들어갔다. 사당과 전사청이 한울타리 속에 있는 소수이후 서원들은 이같은 배치 양식을 기본으로 삼고있다. 사당나무인 백일홍도 보인다.

제1장 소수서원   55

까지가 사당공간을 차지하고 있는 부속건물들이다.

전사청과 영정각 앞에는 장서각(藏書閣)이라는 건물이 있다. 장서각은 서적을 저장해놓은 창고다. 책은 서원에서 공부하는 원생에게 필요한 용품이기에 제사용품과는 연관되지 않는다. 그런 장서각이 소수서원 사당공간에 있다는 것이 서원답사 때마다 무척 궁금했다.

백여 개 가량의 서원들을 답사해 본 후, 그 이유를 알게 되었다. 서원에는 상하(上下)질서가 엄격히 정해져 있고, 질서에 따라 건물들의 입지가 결정된다.

가령 고직사(庫直舍)의 예를 들어보자. 서원을 관리하는 노비들의 집이 고직사다. 왕조시대 가장 천한 신분이 노비이기에 고직사는 가장 낮은 서원 건물에 속한다. 반면, 서원에서 가장 높은 건물은 강당과 사당이다. 강당과 사당 다음으로 높은 건물은 장서각이 해당된다. 공자, 맹자님의 말씀을 적어놓은 책들을 보관하기 때문이다. 그러므로 장서각과 고직사는 예제서열상 같은 공간에 절대 배치될 수 없다. 정확히 정반대 공간에 각각 배치되었다.

장서각은 상위 공간에 배치되는데, 소수서원의 경우 상위공간은 사당공간이다. 그래서 사당 번지수에 장서각 문패가 걸렸던 것이다.

장서각은 서원 인근지역의 도서관이며 출판사이기도 했다. 인근지역을 계몽하기 위한 책을 찍어서 발간하였던 것이 서원의 역할 중에 하나였다. 이때 책을 찍는 인쇄술은 목판작업이 활용되었다. 그래서 장서각과 함께 장판각(藏板閣)을 둔 서원도 있다. 이러한 상하배치관계를 이해하기 위해서는 강당공간을 답사해 보아야 한다.

가장 뒤편에 있는 영정각.

소수서원의 장서각은 사당공간과 강단공간 사이에 자리한다. 소수서원에서 우왕좌왕하고 있는 장서각. 어디에 소속되는 부속건물일까.

남계서원 장판각은 강당 옆에 붙어 있다. 그러므로 장서각, 장판각은 모두 강단공간에 속한 부속건물이다.

소수서원 이렇게 보기 - 강당 공간

강당공간도 사당공간처럼 전상후하 배치를 보여주고 있다. 그러므로 소수서원은 향교배치를 모델로 삼은 서원이라는 것이 다시 확인된다.

강당 공간도 사당 공간처럼 전상후하법칙에 따라 배치되어 있다.

강당 뒤편인 북쪽에는 제법 긴 모양의 건물이 자리한다. 기숙사다. 기숙사 건물은 정확히 2등분 되는데 서쪽에 있는 것이 직방재(直方齋), 동쪽은 일신재(日新齋)다. 건물 문패에도 서열이 존재한다. 당(堂)보다 낮은 것이 재(齋)이다. 그래서 직방재와 일신재는 모두 강당보다 낮다. 그렇다면 같은 재(齋)자를 달고 있는 직방재와 일신재는 서열이 동등한 것일까. 그건 아니다. 직방재와 일신재에도 상하서열은 존재한다.

문화재 답사 때 종종 이런 문제들을 만나게 된다. 그럴 때는 잘 알고 있는 사람에게 물어보거나 안내서에 들어있는 내용을 읽어보면 쉽게 알 수 있다. 그러나 대다수의 서원들은 안내서는커녕, 관리하는 사람마저 없는 경우가 허다하

사당 뒷녘에 배치된 전사청처럼 강당 뒷녘에 자리하고 있는 기숙사.

기숙사 건물 우백호쪽 방이 직방재(直方齋)다. 정신을 곧고(直) 바르게(方)하라는 뜻이 담겨있다. 곧고 바른 정신공부는 경(敬)공부를 뜻한다.

오른쪽사진 / 건물 좌청룡쪽에는 일신재(日新齋)가 자리한다. 공부를 통해 날(日)로 새로워(新)지라는 교훈이다.

다. 지나가는 마을 농부를 붙잡고서 물어보더라도 모르겠다는 답변뿐이다.

이럴 때 땅을 읽으면, 건물의 서열들을 알 수 있다. 여러분이 살고 있는 집의 문패에 걸린 번지수는 땅의 숫자 즉 토지대장을 떼어보면 나오는 지번들을 붙인 것이다. 지번이라는 땅의 숫자가 문패 번지수이듯, 문화재도 땅을 읽으면 문패를 알 수 있다는 것이다.

소수서원은 사당중심서원이기에 우백호 쪽이 좌청룡 쪽보다 높다. 이는 사당이 우백호 쪽에 배치되었고, 강당은 좌청룡 쪽에 자릴 하게 된 이유이기도 하다. 기숙사도 마찬가지다. 그러므로 소수서원의 경우 우백호 쪽에 있는 직방재가 좌청룡 쪽에 있는 일신재보다 높다는 것을 알 수 있다.

직방재는 원장과 교수진의 방이었고, 일신재는 원생들의 방이었던 것이다.

일신재 뒤로는 가운데가 뻥 뚫린 건물 하나가 보인다. 학구재(學求齋)다. 학문을 구하는 집인 학구재도 기숙사다. 일신재 뒤편에 자리하며 또한 좌청룡 쪽에 위치하기에 일신재보다 서열이 낮은 건물임을 알 수 있다.

소수서원 안내서에는 이런 내용이 들어있다. 학구재가 직방재와 일신재 건물 모서리와 서로 안 닿도록 틀어 놓은 것은, 앞 건물 그림자가 뒤 건물에 닿지 못하게 한 것이라고 한다. 앞에 있는 스승 직방재건물의 그림자를 어찌 뒤에 있는 제자의 학구재건물이 밟을 수 있겠느냐는 이유에서 그랬다는 것이다.

이러한 예제건축현상은 기단의 높이에서도 발견된다. 사진은 스승의 건물기단 높이와 일치하게 찍은 것이다. 기단 뒤로는 제자 건물인 학구재(學求齋)가 보인다. 학구재 기단이 훨씬 낮다. 또한 스승건물 기단의 높이에 학구재의 마루높이를 맞추어 놓았다. 이는 스승의 발아래 제자가 앉아 있다는 사제서열이 된다.

학구재보다 더 낮은 좌청룡 방향으로 지락재(至樂齋) 건물이 보인다. 학구재 기단을 관찰하면, 그 높이는 지락재 마루바닥과 또다시 일치한다. 직방재와 학구재의 기단높이 수치와 똑같은 구조를 보여주고 있는 것이다. 그러므로 지락재는 학구재보다 더 낮은 후배들의 방이라는 것이 드러난다.

지락재 건물을 살펴보면, 이는 학구재 건물보다 더 파격적인 변형을 보여준다. 터져있는 앞쪽공간과 막혀있는 뒷방의 배치는 마치 몇 톤가량 되는 통통배를 연상시키는 그런 모양이다. 이는 소수서원 강당과 똑같은 구조다.

지락재의 터진 공간 모두를 문짝으로 막으면, 그것은 소수서원 강당인 명륜당이 된다. 만약 명륜당에 걸린 문짝이란 문짝을 모두 떼어내면 그 때는 지락재처럼 된다. 강당은 남향하고 있다. 그렇다면 지락재도 남향하고 있는 것일까. 그렇지가 않다. 지락재는 동향도 아닌 서향을 하고 있다. 그것은 건물에 걸린 지락재 문패를 보면 알 수 있다. 지락재는 소수서원에서 유일하게 서향하고 있는 건물이다. 서향하게 된 이유는 풍수의 장풍 때문이다. 지락재의 이 같은 배치를 알게 되면, 그것은 소수서원 풍수의 마스터플랜을 알게 되는 것도 된다.

학구재. 강당공간 가장 뒤쪽에 있다.

직방재가 있는 스승의 건물과 제자의 건물인 학구재의 배치 광경.

스승의 방인 직방재 기단을 눈여겨 보면 제자 기숙사인 학구재와 지락재 높이가 각각 다르다. 스승방, 제자방 그리고 후배방이라는 신분들의 위계질서를 적용시킨 것이다.

지락재는 명륜당 양식을 따랐고 명륜당은 부석사 범종루 양식을 취했다. 이런 것들이 우리 문화재 속에 들어있는 전통건축의 흐름들이다.

유교예제와 풍수조화 – 소수서원의 마스터플랜

　소수서원 경내를 답사한 후, 뒷문을 나가면 충효교육관인 콘크리트 건물이 있다. 이곳에서 남쪽을 보면 영구봉과 붙어 있는 한옥 한 채가 보인다. 고직사(庫直舍)다. 서원을 운영하려면 이에 필요한 재정과 인원이 필요하다. 재정은 사액 때 나라에서 내린 서원전(書院田)으로 충당했다.

　소수서원 창건 당시(백운동서원) 원생의 수는 10여명이었고, 서원에 귀속된 노비는 12명이었다. 농사도 짓고, 밥도 하고, 청소도 했던 노비들이 기거했던 집이 고직사다. 고직사의 사자는 집사(舍)자로써 우사(牛舍), 축사(畜舍)라는 명칭으로도 사용한다. 그만큼 서열이 낮은 건물이다.

　사대부 신분들이 기거하는 서원 경내에 마구간 같은 고직사를 함께 둘 수는 없었다. 그런 이유에서 고직사는 서원밖에 배치되었다. 고직사를 배치할 때도 그에 합당한 유교 예제가 따라 붙었다. 선현의 연고지 정반대 방향에다가 고직사를 배치시켰던 것이다. 소수서원에 배향된 안향의 연고지는 서원 남쪽에 있다. 그러므로 이곳 고직사는 서원 북쪽에 배치된 것이다.

　고직사 배치법칙은 소수서원을 시작으로 모든 서원들이 철저히 지켰다. 도산서원의 연고지는 도산서당이다. 도산서당은 동쪽에 있고, 고직사는 서쪽에 있다. 병산서원 연고지는 서애의 고향인 하회마을이다. 하회마을은 서원 서쪽에 있기에 고직사를 동쪽에 두었다. 덕천서원 연고지는 산천재다. 산천재는 덕천서원 좌측에 있기에 고직사는 우측에 배치되었다. 고직사 배치는 서원의 예제 배치가 무엇이라는 것을 보여주고 있다.

　기왕이면 다홍치마라는 말이 있다. 유교예제 배치가 풍수법칙과도 들어맞았을 때 이는 일석이조의 배치가 된다. 이 같은 현상은 소수서원 전체배치에서도 발견된다. 우상좌하, 전상후하라는 소수서원의 예제배치는 풍수법칙인 장풍(藏風)배치까지 충족시키고 있다는 것이다.

충효교육관에서 바라본 소수서원 고직사.

도산서원에는 상고직사와 하고직사가 있다. 이들 모두 우백호 쪽에 배치되어 있는 것은 도산서당이 좌청룡쪽에 있기 때문이다.

도동서원은 우백호 방향에 있는 김굉필의 연고지로 인해 창건되었다. 그러므로 도동서원 고직사는 좌청룡 쪽에 자리하게 된다.

제1장 소수서원

소수서원 혈 자리인 사당을 중심으로 잡고서 서원경내 건물배치를 살펴보면, 사당을 감싸주는 2개의 장풍곡선이 드러난다. 그 하나는 전사청과 직방재 그리고 강당이 사당을 감싸는 장풍 배치다. 또 하나는 고직사와 학구재 그리고 지락재와 경렴정으로 이어지는 장풍배치다. 그 중 경렴정의 배치가 재미있다. 정남향이 아닌 약간 서쪽으로 틀어져 있다. 이렇게 틀어 놓은 이유는 사당을 더욱 포근하게 감싸주려 했기 때문이다. 유교예제와 풍수법칙의 모든 것들이 우측을 상(上)으로 삼은 문성공묘를 중심으로 배치되었다. 이것이 소수서원의 배치인 마스터플랜이다.

소수서원의 풍수배치는 조선 왕릉풍수 배치와도 통한다. 사당중심서원과 왕릉은 똑같은 음택 풍수에 속하기 때문이다. 왕릉배치 우상자리에는 수라청, 망료위, 예감이라는 능제에 필요한 것이 조성되어 있다. 이는 소수서원의 우상자리에 배치된 전사청과 똑같은 용도의 조성물들이다.

왕릉배치와 음택서원 배치를 서로 비교해보면, 왕릉봉분은 서원사당에 해당되고, 왕릉정자각은 강당에 속한다. 왕릉배치를 살펴보면, 정자각과 봉분이 서로 일치되어 있다.

그러나 소수서원의 강당과 사당은 서로 일치되지 않는다. 여기서 우리는 소수서원은 풍수배치가 아직까지 미완성되었다는 것을 알 수 있다.

소수서원 다음으로 출현한 서원은 남계서원이다. 남계서원 배치를 보면, 강당과 사당들의 배치가 왕릉배치처럼 일렬로 놓여있다. 이러한 남계서원의 배치는 이후 모든 서원들의 전형이 되었다. 소수서원 같은 서원양식은 후대로 대물림되지 않았기에 소수서원은 유일한 문화유적이 되었다. 서원들이 점차적으로 향교의 유교 예제보다 풍수배치를 더 중요시하였고, 이 같은 흐름을 타고서 발전되어 갔음을 알 수 있다.

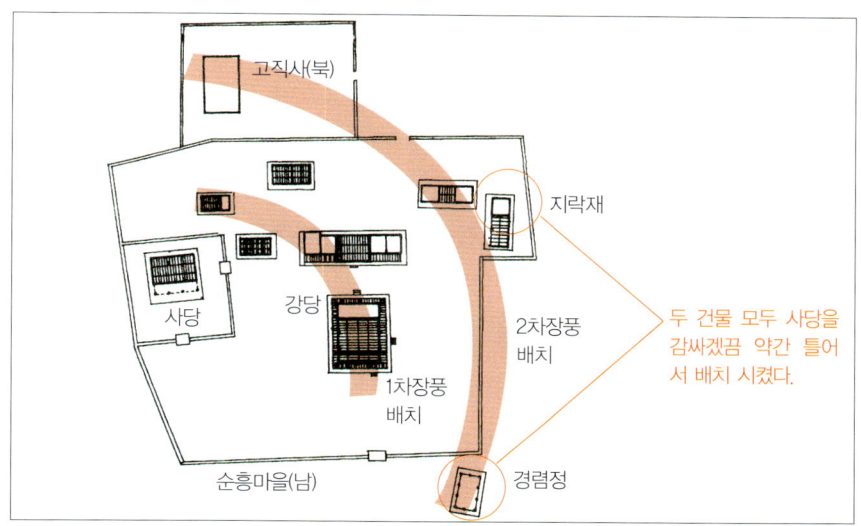

소수서원의 마스터플랜 배치도. 안향의 연고지인 순흥마을은 소수서원 앞에 있다. 그로인해 고직사는 정반대쪽인 서원 뒤편에 배치되었다. 안향사당을 중요시한 서원이기에 건물 배치 또한 풍수장풍을 보여주고 있다.

홍살문 뒤쪽이 정자각. 정자각 뒤쪽으로는 왕릉봉분이 배치되어있다. 태조왕릉이다.

홍살문 뒤쪽에 강당. 강당 뒤쪽에는 사당이 배치되어 있다. 남계서원이다.

제1장 소수서원   65

서원의 풍류공간

서원공간은 세 개의 영역으로 구분된다.

사당공간과 강당공간 그리고 나머지 하나는 휴게공간 혹은 산수공간이라고 하는 곳이다. 그러나 휴게와 산수공간이라는 명칭들은 적절하지가 않기에 이를 풍류도(風流道)에 유래를 둔 풍류공간으로 칭하겠다.

공부에 지친 원생들이 기분을 달래는 풍류공간에는 누(樓)나 정자(亭子)를 세웠다. 소수서원의 풍류공간에는 정문 앞에 세워 놓은 경렴정이라는 정자가 있다. 송대 성리학의 비조인 주렴계(周濂溪)를 경모(景慕)한다는 의도에서 경렴정(景濂亭)이란 문패를 달았다. 정자 내부를 살펴보면, 경렴정 문패 양쪽으로 2개의 시액(詩額)이 보인다. 하나는 주세붕 또 하나는 퇴계 이황의 시액이다. 주세붕은 이곳 백운동 서원을 창건했던 창건주다. 이퇴계는 백운동을 소수라는 사액서원으로 만들었다. 서원을 만들었고 이를 발전시켜놓은 역사적인 두 명의 인물들인 것이다.

그 중 퇴계는 참된 서원 보급운동에 앞장섰다. 퇴계는 서원은 제사보다 공부하는 장소라는 것을 주장했다. 그래서 사당보다는 강당을 더욱 중요시했다.

소수서원이라는 사액명칭 속에는 당시 서원의 목적이 들어있다. 기폐지학(旣廢之學) 소이수지(紹而修之)에서 따온 것이 소수서원(紹修書院)의 명칭이다.

세조찬탈로 인해 명분을 잃고서 폐허가 되어버린 향교학문은 기폐지학에 속한다. 기폐지학이 되어버린 향교학문을 다시 이어 참된 학문을 닦는다는 것이 소이수지라는 뜻이다.

과거공부라는 것은 향교 교육과도 다름없기에 이는 기폐지학에 속한다. 이 때 퇴계가 주장한 인성공부는 소이수지와 연결된다. 그러므로 퇴계는 인성함양을 위한 소수서원의 풍류공간을 중요시 했다.

경렴정에서 죽계천 건너편 아래쪽을 보면 취한대(翠寒臺)가 있다. 퇴계는 이

소수서원 정문 앞 풍류공간에는 경렴정이 있다.

경렴정 내부에 걸린 2개의 시액. 경렴정 글자 중 경자쪽에 걸린 것이 주세붕시액. 글자 중 정자쪽에 걸린 것은 퇴계의 시액이다. 정(亭)자 마지막 필치가 용트림을 치고 있다.

곳에 화초들을 심어 도학자적인 풍류를 즐길 수 있도록 했다.

  소나무 속에 숨어있는 취한대를 경렴정에서 보아도 운치가 있지만, 취한대 내부에서 보는 바깥 풍경은 여러 폭의 그림을 연상케 한다. 평범한 풍경이지만 그 속에는 일상적인 풍류풍경이 들어있다.

  취한대 위쪽 경렴정 맞은편에는 유명한 경(敬)자 바위가 있다. 붉은 색 "경(敬)"자는 주세붕이 새겼고, 흰색의 "백운동(白雲洞)"글자는 퇴계가 새겼다. 소수서원을 대표하는 인걸들이 어째서 똑같은 바위에다 각각의 글자들을 새겨놓았던 것을까. 서원 안내 설명서에는 숙수사 불상을 이곳에다 수장시키자, 불상들이 밤마다 서원을 시끄럽게 했다는 것이다. 그래서 이를 누르려고 "경"자를 새겼다고 한다. 그러나 도저히 납득되지 않는다. 이는 전설 따라 삼천리 식의 이야기 같고, 이를 부적처럼 써 놓을 주세붕은 아니었기 때문이다.

  불교 타파와 미신 타파에 앞장섰던 주세붕의 전력을 보아도 그렇지만 퇴계의 경우는 더 큰 모순을 범하게 된다. 이곳이 백운동이기에 바위에다가 백운동을 새겼다는 것은 관광지 바위에다가 낙서를 자행하는 몰상식한 행동과도 같기 때문이다. 도저히 역사적 인걸들이 취할 도량은 절대 아니다.

  이러한 생각이 들자 경자바위에 새겨진 글자들을 풍수로써 재조명해 보았다.

  두 사람 모두 이곳 바위에 공동의 관심사가 있었을 것이다. 그래서 같은 바위에다가 글자를 각각 새겼을 테고, 또한 문제의 바위는 소수서원과 깊은 연관이 있었을 것이다. 왜냐하면 서원 창건과 동시에 글자를 바위에다가 새겼기 때문이다.

  같은 터를 차지한 숙수사와 백운동서원이지만 차이점은 있다. 원래 절은 동향하였고, 나중에 지은 서원은 남향하고 있다는 것이다. 그러므로 경자바위 의문은 여기서부터 붙잡고 들어가야 한다. 이런 생각이 소수서원 답사 당시 가장 강렬하게 떠올랐다.

취한대 내부에서 바라본 평상심의 풍류광경. 한폭 한폭이 구색을 갖춘 병풍들이다. 답사 도중 이러한 공간을 만나는 것은 또 하나의 별미다.

퇴계가 화초를 심어 풍류를 즐길 수 있게 만들어 놓은 취한대.

경렴정에서 바라본 경자바위. 모두들 유교 경(敬)공부를 새긴 것이라고 풀이한다. 하면 퇴계가 새긴 백운동 글자는 낙서란 말인가. 말도 안 된다. 내게는 이것이 풍수 화두로 떠올랐다.

제1장 소수서원   69

소수서원의 풍수인테리어

소수서원 매표소 입구에 있는 조감도를 살펴보면, 옛 숙수사와 현 소수서원의 풍수는 이렇게 설명되어 진다.

옛 숙수사가 있었을 때, 법당 동쪽의 경자바위는 우백호에 해당되었다. 반면 남향한 소수서원에 있어서 경자 바위는 좌청룡자리에 해당된다. 경자바위가 소수서원 좌청룡에 해당된다는 것은 경자바위 방향에 있는 경렴정 현판에서도 읽을 수 있다.

경렴정 글자를 보면 정(亭)자 꼬리부분이 특이하게 생겼다. 마치 구불구불하게 용트림치는 형상이다. 그 같은 형상의 글자가 경렴정 현판에 걸리게 된 이유는 소수서원 안내서에도 나와 있다. 경렴정은 소수서원 좌청룡이기에 용트림치는 글자를 걸어 놓았다는 것이다.

그런데 일제 때, 일인들이 소수서원에 흐르는 민족정기(백두대간의 기세)를 끊어 놓는다는 식민풍수계략에서 경자 꼬리를 잘랐다고 한다. 꼬리부분을 자세히 보면, 어느 부분을 잘랐는지 짐작이 간다(약간 상처난 부분).

해방이 되자 잘려진 꼬리부분의 획을 다시 이어놓았던 것이 오늘날 경렴정 현판이라는 설명이다. 이럴 경우 경렴정 현판의 용트림 글씨체는 소수서원 좌청룡 기세를 북돋워주려는 목적을 갖고 있다. 이는 오늘날 풍수인테리어와도 통한다.

기실 풍수인테리어라는 것도 그 근원은 동양의 전통풍수에서 파생된 것이다. 동양의 풍수 3국이라고 자처하는 나라 중 중국의 풍수문화재들은 그들의 문화혁명 때, 미신으로 취급되어 모두 파괴되어 버렸다. 일본풍수는 한국풍수를 베껴간 것이기에 복사본일 뿐이다. 값어치 있는 풍수현장들이 문화재로서 지천에 남아 있는 곳은 우리나라뿐이다.

경남 김해시에 있는 김수로왕릉은 사적 제73호인 문화유적이다. 김수로왕릉 우측에 있는 산은 우백호에 해당되기에 호랑이 호(虎)자를 달고 있는 임호산(林

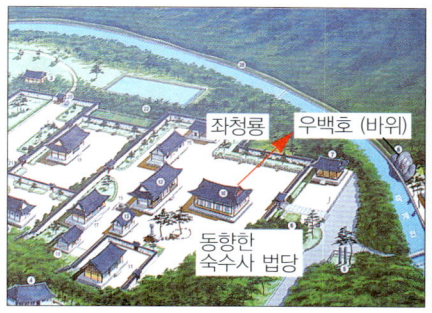
숙수사 동향풍수에서 보면 경자바위는 우백호에 해당된다.

소수서원 남향풍수에서 보면 경자바위는 좌청룡에 해당된다.

김수로왕릉의 우백호인 임호산은 등을 한껏 세우고 있다. 호랑이의 공격기세를 누르기 위해 아가리에다가 흥부암으로 입막음 했다.

경자바위와 같은 방 위에 있는 경렴정. 현판 글자 중 정자 마지막 필치에서 경렴정일대가 소수서원의 좌청룡 지역임을 재확인 시켜준다.
(식민풍수 흔적.)

제1장 소수서원   71

虎山)이다. 그런데 임호산이 기세를 세우듯 솟아오르기에 이는 호랑이가 날뛰는 기세에 해당된다. 우뚝 솟아 기세등등한 산봉우리도 문제이지만, 산중턱 호랑이 아가리 부근에는 살기서린 바위까지 박혀있다. 이럴 경우 풍수문제가 터져 나온다. 우백호라는 호랑이는 복종심 있는 개처럼 순하게 생겼어야 좋다. 문제의 우백호 산을 풍수 비보(裨補)시키려고 붙인 글자가 나무 숲 림(林)자, 그래서 임호산(林虎山)이라고 칭한 것이다. 나무숲이 억센 바위를 감추어 달라는 풍수비보다. 그것도 안심이 되지 않자, 이번에는 호랑이 아가리 앞에다가 절집을 세워 틀어막았다. 이름 하여 임호산 흥부암(興府庵)이다. 우백호 아가리를 절집이 열쇠 채우듯 풍수 비보하였기에 김해부(金海府)는 부흥(復興)을 이룰 수 있었다는 것이 흥부암 문패의 속뜻이기도 하다. 이런 것들이 우리국토 지천에 널려 있는 비보 풍수들이다.

  소수서원의 경자 바위를 옆에서 보면 영락없이 서원을 노려보고 있는 범 대가리다. 그것도 좌청룡 자리에 호랑이가 있으니 흉격 중에서도 대흉에 속한다.

  사대부 풍수가 널리 퍼져 있었던 조선시대에 주세붕과 이퇴계가 이 같은 광경을 못 보았을 리는 만무하다. 그래서 범 대가리 바위 중 아가리에다가 재갈과 자물통을 채워 버렸던 것이다.

  주세붕은 소수서원을 공경하라는 으름장으로 경(敬)자를 새겼다. 이에 한술 더 뜬 이퇴계는 백운(白雲)을 새겨 흰 구름으로 가려 버렸던 것이다. 이때 백운은 임호산의 나무 숲 림(林)자와 통하는 풍수글자가 된다. 수풀 림(林)자로 가리나 구름 운(雲)자로 가리나 덮어버리기는 마찬가지이기 때문이다.

  한국의 비보풍수를 완성시킨 인물은 도선국사다. 도선국사 역시 순천시를 공격하려는 운동산 호랑이 아가리를 도선암(道詵庵)으로 막아버렸다. 이 모든 것이 한국 땅에서 한국인에 의해 존재하고 있는 풍수비보들이다. 풍수인테리어의 원본국가가 대한민국이며, 우리 전통문화재가 그 증거라는 말이기도 하다.

  풍수로 셈하면 소수서원의 경자바위도 그 중 하나에 속한다.

문제의 경자바위를 옆에서 보면 호랑이 대가리 형상이 드러난다. 소수서원의 좌청룡 자리에 호랑이가 있다는 것은 대흉에 속한다.

소수서원을 노리는 호랑이를 비보하기 위하여, 호랑이 바위 아가리에다가 글자를 새겨놓은 것이 경자바위였다. 주세붕은 "경"자로, 퇴계는 "백운동"이라는 글자로 각각 2개의 풍수 자물통을 채워 버린 것이다.

도선국사가 창건한 전남 화순의 도선암. 운동산 호랑이 아가리를 법당으로 막아버렸다는 풍수설이 널리 전해져내려 오고 있는 현장이다.

제1장 소수서원

소수서원의 인걸지령

하다못해 논두렁 정기라도 받아야 한다는 것이 한국인의 집터 사상이다. 그런 까닭에 전통한옥들은 배산(背山)을 등지고서 터를 잡았다.

소수서원은 소백산 정기를 받고 있다.

산줄기를 타고 내려오는 정기를 지령이라고 한다. 땅에 흐르는 영험한 기운이 지령(地靈)인 것이다. 출중한 지령을 담으려면 집터를 에워싸는 산자락들은 그 생김새가 그릇처럼 생겨야 하고, 집은 그 속에 들어 있어야 한다. 그래야 그릇 속에 채워진 지령이 집에 담긴다.

소수서원 주변의 산자락들은 출중한 풍수광경을 보여주고 있다. 산자락이 그릇같이 품어주는 평지에 서원이 입지하고 있기 때문이다. 그 같은 광경이기에 이곳을 거북이가 알을 품는 터라고 했던 것이다.

지령이 출중한 집터에서는 인걸(人傑)이 배출된다. 하다못해 논두렁 정기라도 받아야 면장노릇도 할 수 있다는 속담도 이를 두고 한 말이다. 이때 논두렁 정기는 지령이 되고, 면장은 인걸에 해당된다. 이러한 함수관계를 인걸지령(人傑地靈)이라고 하는 것이다. 인걸지령은 한국인 고유의 정서이기에 우리말사전에도 "인걸은 영험 있는 땅에서 난다는 말"이라고 소개하고 있다.

소수서원에서 배출된 인물은 대략 4,000여명에 이른다고 전해온다. 이를 그대로 믿는다는 것은 다소 과장스러움도 있으나, 그 중 눈길을 끄는 인걸들이 있다. 한 가문의 5형제가 모두 과거에 급제 했다고 알려진 김성일과 그 형제들이다. 이퇴계의 수제자인 조목도 이곳에서 공부했고, 조선중기 풍수사로서 널리 알려진 남사고도 소수서원에서 공부했다고 기록되어 있다. 그 당시 남사고는 소백산을 향해 땅에다가 넙죽 절을 했다고 한다. 남사고가 절을 했던 소백산은 조선시대 십승지(十勝地)의 요람이기도 했다. 이 모두가 소수서원 인걸지령을 뒷받침하는 내용들이다.

영구봉을 배산으로 삼은 소수서원 앞으로는 죽계 물줄기가 임수를 이루며 흘러간다.

위사진 / 영구봉 지령은 소수서원 사당으로 들어오며, 영구봉 산자락은 서원을 감싸듯이 안고 있다.

오른쪽사진 / 소수서원은 백두대간 정기를 직접 받고 있다. 소백산 지령이 남쪽으로 내리다 영구봉을 만들었고, 영구하산형 풍수를 이루워 놓았다.

인걸 중의 한 명인 퇴계가 소수서원을 관할하는 풍기군수로 부임했던 것은 서원교육을 부흥시키는 계기가 되었다. 퇴계가 발 벗고 나서자 사액서원이 되었고, 또한 서원의 원규까지 제정하자 서원은 틀을 잡아갔다.

이 때 퇴계교육관에 감동한 인재들은 그의 문하가 되었다.

퇴계는 풍기군수 직을 물러나자 곧바로 안동 땅 고향에다가 서당을 차린다. 그 중에 하나가 도산서당이다.

도산서당도 소백산 정기가 뻗어 내리는 남쪽 산줄기에 붙어있다. 퇴계사후 도산서당 뒤편에 도산서원이 세워지고, 이를 중심으로 선비들이 숲을 이루니, 이것이 사림(士林)이라는 영남학파 중 퇴계문하인 것이다.

그러므로 영남학파를 서원에다 연관시켜 정리하자면, 소수서원은 이들을 탄생시켰고, 도산서당은 육성시켰으며, 도산서원은 번영케 했다고 할 수 있다.

소수서원과 도산서당 그리고 도산서원들은 모두 소백산 정기를 받는다. 인하여 퇴계를 중심으로 한 영남학파를 소백산 문하라고 칭하고 있다. 그런 명칭 자체가 소백산의 인걸지령을 뜻하는 것이다.

서원들은 영남지방에서 가장 발달하였고, 오늘날까지 현존하는 서원들도 가장 많다. 그러나 영남지방에서도 소백산 정상의 지령과 직접 잇대고 있는 곳은 이곳 소수서원뿐이다.

배산임수에 백두대간 정기까지 받는 소수서원. 그러자 이곳 인걸지령은 무수한 인재들을 배출케했다.

서원경내에 서 있는 정료대(庭燎臺). 강당과 직방재 그리고 장서각과 사당을 효율적으로 밝히는 중간에 세워져 있다. 그러나 서원은 공부하는 곳이라는 퇴계의 교학사상이 퍼져나가자 소수서원 공간들은 다시 재해석 되었다. 그 중 하나가 도산서원이라는 배치다.

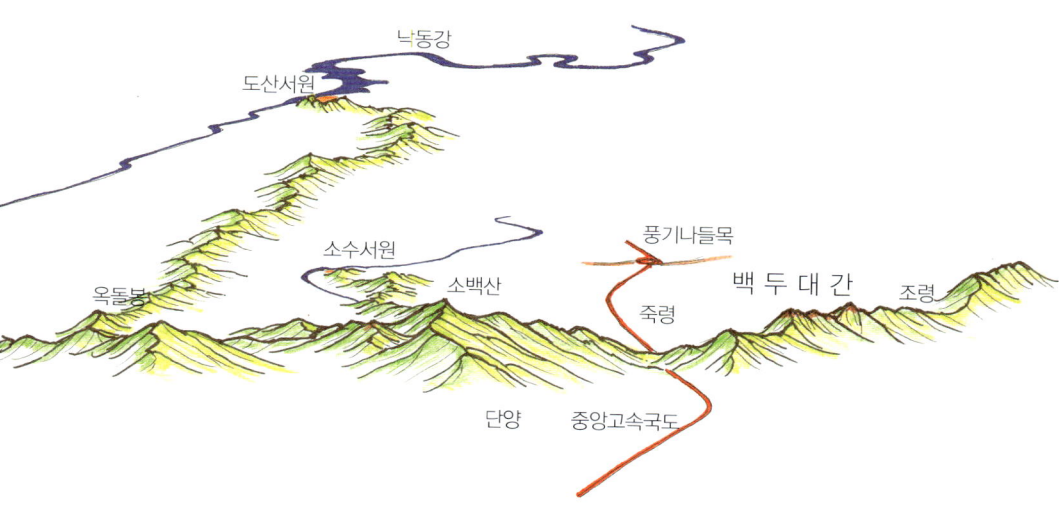

소수서원은 남쪽에 있는 도산서원과 더불어 퇴계문하, 소백산문하라는 영남학파를 창출하였다.

제2장
도산서원

도산서원 가는 길 : 현지교통 - 67번 시내버스 이용
　　　　　　　　자가용 운전 - 안동시~35번 국도~25.5km~도산서원 입구~2km~도산서원.
　　　　　　　/ 도산서원 관리사무소 TEL : (054) 856-1073

도산서원 가는 길

　소수서원에서 도산서원을 가려면 일단 풍기 나들목에서 중앙고속국도를 타야 한다. 그곳에서 남쪽으로 30분가량을 가면 서안동 나들목이 나온다. 서안동 나들목을 빠져나오면 안동시로 진입하게 되는데, 복잡한 시내 길을 뚫고서 도산서원 가는 길을 찾는다는 것은 결코 쉬운 일이 아니다.
　이럴 때 편리한 요령 중에 하나가 안동시청을 찾아가는 것이다. 어느 도시이건 시청 길 표지판들을 가장 많이 세워놓았다. 이를 염두에 두면 초행길에도 유용하게 쓰인다. 도시의 모든 안내판은 시청으로 통한다. 일단 시청으로 갔다가 목적지로 빠져나가는 출구를 찾는 방법이 도시에서는 의외로 편리한 경우가 많다. 군청이나 시청주변에는 맛있는 음식점이 가장 많다. 그러나 숙박지는 버스터미널주변, 그것도 신설된 터미널일수록 유리하다. 이런 것이 도시여행에 대한 경험이다. 이곳에서도 안동시청 옆에 있는 35번 국도를 따라 북진하면 도산서원에 다다르게 된다. 가는 도중 밤색표지판을 눈여겨보는 것도 요령 중의 하나인데, 도산서원이라는 안내표지판도 어김없이 밤색문화재표지판으로 되어있다.
　안동시에서 도산서원까지 이르는 길과 소수서원 주변 길 풍경들은 사뭇 다르다. 소수서원의 길들은 낮은 산들을 호령하듯 쭉쭉 뻗어간다. 그러나 도산서원 가는 길은 낮은 산을 의지하면서 이리저리 돌아간다. 툭 트인 경복궁 분위기를 소수서원에다 견준다면, 도산서원 분위기는 창덕궁과도 같다. 그것은 주변 산들 때문이다. 그만큼 도산서원 산들은 품음새가 빼어나다는 것이다. 도산서원 일대의 산들은 유정(有情)하기까지 하다.
　그러나 생리(生利)라는 농산물 소출로 따진다면, 이곳은 기름진 땅은 못된다. 도산서원 주변의 어느 곳을 파더라도 퇴적암 바위가 드러나는 척박한 토질들뿐이다. 두텁지 못한 토양 탓에 풍부한 농산물 수확을 기대할 수가 없었다. 퇴계도 이를 토로했다. 내가 자란 고향은 땅이 척박하여 풍요로운 수확을 바랄 수

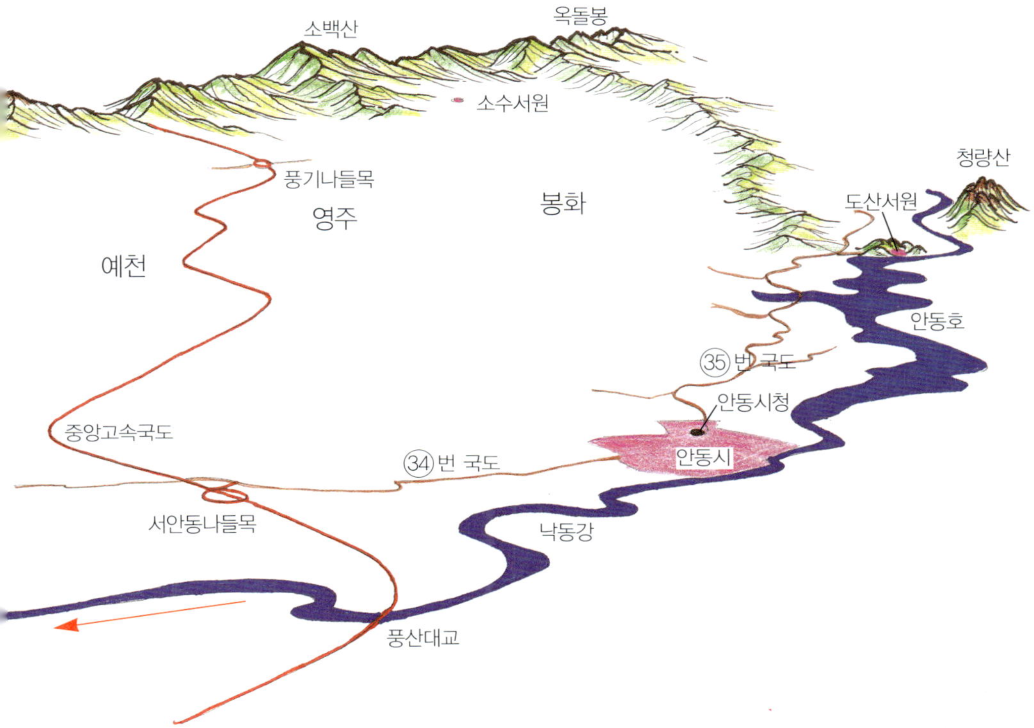

중앙고속국도 서안동 나들목 서북쪽에는 도산서원이 있다. 소수서원과는 백 여리나 떨어져 있는 도산서원이지만 이들은 모두 소백산 풍수지령을 받고 있는 소백문하서원들이다.

도산서원 가는길. 밤색표지판에 도산서원 표시가 적혀있다.

가 없었기에, 이런 풍토에서 먹고살기 위한 방책이란 오로지 관직에 나아가 녹을 받는 것뿐이었다고 일찍이 밝혔다. 척박한 풍토가 안동 일대를 양반배출지로 변모시켜 놓았던 것이다.

어찌 보면 탐관오리 양반들의 배출지도 될 수 있었던 낙후한 지역도 된다. 조선후기 안동 김씨들의 축재수탈 체질들을 참작하더라도 결코 틀린 말은 아니다.

퇴계교육의 위대성은 이점에 있다. 먼저 인간이 되고난 후 관직에 출사하라는 인성교육이 그것이다. 인성교육을 앞세웠던 도산서원이 조선팔도 선비들의 메카가 되었던 것은 서원 앞에 서 있는 시사단을 보더라도 짐작된다.

조선시대 때, 과거시험은 한양에서 그것도 궁궐에서 쳤다.

이러한 과거시험이 서원에서 실시된 적이 한번 있었다. 당시 시험 친 선비들의 영광을 기리기 위해 세워놓은 제단이 도산서원 앞에 있는 시사단(試士壇)이다.

정조16년(1792년), 퇴계를 흠모했던 임금은 신하를 보내 도산서원에서 과거시험을 치르게 했다. 7,288명의 선비가 의관을 정제하고서 퇴계선생에게 제사를 올렸다. 그런 다음 3,632명의 선비들이 과거를 치렀다.

당시 과거시험을 기념하여 세워놓은 시사단은 경북유형문화재 33호로써 지금보다 10m 낮은 높이를 하고 있었다. 오늘날 조성된 안동댐의 담수로 인해 10m를 높인 것이 지금 우리가 보고 있는 시사단이다.

35번 국도에서 도산서원으로 접어들면, 아스팔트길은 S자로 굽어든다. 굽어들더라도 아주 적당히 돌아가는 비탈길의 곡선은 우리 옛길의 표준치를 닮고 있다. 옛적에는 우마차 한 대가 겨우 지나가는 흙길이었다. 이런 상상을 떠올리면서 걸어가면 길은 그저 정겹기만 하다. 정겨운 길이기에 초행자에게도 언젠가 한번쯤 와봤던 착각마저 일으키는 그런 길이다. 비탈길을 지나면 잘 정돈된 주차장과 매표소가 나온다. 매표소를 통과하면 500m 더 깊숙한 곳에 도산서원이 있다.

도산서원과 마주한 낙동강 위에 떠 있는 시사단.

도산서원으로 들어서는 산비탈 길.

도산서원 들머리길 끝에는 낙동강을 임수로 도산을 배산으로 삼은 서원이 자리한다. 도산서원이다.

퇴계의 터 잡이

도산서원이 자리하고 있는 이곳은 퇴계의 고향이기도 하다.

백운동서원을 소수서원으로 사액시킨 퇴계는 그해 이곳 고향으로 귀향하여 서당 하나를 지었다. 51세 때 처음 세운 계상서당은 실패작이었다. 성급하게 잡은 터였기에 풍수에서 말하는 흉지(凶地)를 잡았던 것이다.

"… 내가 터를 가려 시내에 두어 칸의 초가집을 얽어 책을 저장하고 못난 마음을 기르는 곳으로 삼았는데 … 계상서당이 너무도 막히고 적적하여 가슴을 열어주기에는 부적당함으로 다시 옮길 것을 꾀하여 … "라는 퇴계의 글 속에서도 그 같은 상황을 읽을 수 있다. 이때부터 새로운 서당 터를 잡으려고 여러 곳을 살폈다. 그 사이 퇴계는 정3품 성균관 대사성(현재 서울대 총장 직위)을 지냈고, 서당 터는 제자들이 물색했다.

이곳저곳을 살피던 제자들은 7년 후, 적당한 터를 스승에게 추천했다. 그곳이 오늘날 도산서원 터다.

막힘없이 탁 트인 이곳 풍광을 본 퇴계는 이렇게 적고 있다.

"산의 왼편에는 동취병이 있고, 바른편에는 서취병이 있는데 동취병은 청량산으로부터 내려오며 … 남쪽 8-9리쯤에서 … 합쳐지게 된다. … 주변의 봉우리와 계곡들이 모두 도산을 감싸고 숙여드는 것처럼 보인다."

주변산천들이 도산을 감싸듯 숙이고 있다는 퇴계의 글은 풍수형국인 공읍지지(拱揖之地)를 가리킨다. 공읍지지는 주변의 기운들을 모이게 하는 특성을 갖고 있다. 공읍지지 그릇 속으로 모인 기(氣)는 하늘과 땅 사이에 가득 찬 기운들이다. 이러한 천지기운들을 우리는 호연지기(浩然之氣)라고 부른다.

호연지기 풍광들과 마주하도록 천연대(天淵臺)와 운영대(雲影臺)를 세웠다.

"솔개는 하늘에서 날고 물고기는 연못에서 뛴다."는 천연대 설명문을 읽고 있노라면 이런 생각이 든다.

도산서원 임수인 낙동강. 사진 우측에서 뻗어나가고 있는 산줄기를 일러 퇴계는 서취병이라 칭했다. 서취병과 동취병은 양손을 붙잡듯 서로 만난다.

도산서원에서 가장 처음 만나는 운영대. 낙동강이 보이고 시사단도 보인다. 시사단 뒤편의 산줄기들이 퇴계가 말한 동취병이다.

또 하나의 풍류감상대인 천연대. 안내판 내용은 퇴계교육철학을 담고 있다.

제2장 도산서원 85

도산 윗녘에 있는 청량산. 동취병을 뻗어 내리게 한 청량산을 두고 퇴계는 이런 풍수평을 했다. "청량산은 기세가 너무 쎄서 사람이 살기에는 안온하지 못한 산이다."

운영대를 감상하고 돌아들면 안온한 산자락에 안긴 도산서원이 보인다.

조류인 솔개의 기질(氣質)과 어류인 물고기의 기질은 생김새는 물론 습성까지 다르다. 이런 것이 기(氣)의 차별성이다. 그러나 솔개와 물고기가 날고뛰는 이치(理致)는 같다. 살려고 움직이는 똑같은 생명체이기 때문이다.

이것은 이(理)의 통일성에 속한다. 남자와 여자의 기질은 서로 다르나, 사람이라는 존재적 이치에서 보면 남녀 모두 인간이라는 통일성을 갖고 있다. 이런 것들이 성리학에서 말하는 이기론(理氣論)이며 통일성과 차별성인 것이다.

이와 같은 이기논리들을 시험문제 풀듯 머리로만 풀지 말고, 솔개와 물고기가 노니는 자연 속에서 직접 깨우칠 수 있도록 만들어 놓은 것이 천연대였다. 이럴 적 운영대와 천연대는 퇴계가 만들어 놓은 체험학습장인 것이다.

이(理)의 통일성!

그것은 조선개국 때부터 유학자들이 찾으려했던 성리학 최대의 화두이기도 했다. 이(理)라는 성리학 화두를 조선시대 최초로 정립시킨 것은 퇴계의 10년 연배인 회재 이언적이었다. 퇴계는 회재의 이(理)를 문하생들에게 가르친 교육자였다. 이기론이 더욱 진보하여 퇴계학파의 주리론(主理論)으로 완성된 것은

도산은 산 전체가 탐스런 꽃봉우리처럼 생겼다. 도산 꽃봉우리 중앙에 택지한 서원이 도산서원이다. 그래서 도산서원은 화심형(花心形)이라는 풍수형국을 성립시키고 있다.

이곳 도산서당에서 기고봉과 7년에 걸쳐 벌린 4단7정론을 통해서다.

도산서당은 이와 같은 의미를 담고 있는 역사문화재다. 그러나 이곳의 호연지기 풍광이 최대 최상의 것일지라도 이를 담는 그릇이 필요했다. 당시 도산서당 터가 이를 담는 풍수 그릇이었던 것이다.

운영대를 감상한 후 옆으로 돌아들면, 산자락 속에 담겨있는 도산서원을 보게 된다. 도산이 질그릇처럼 빚어 놓은 장풍국면 안에 도산서원은 자리한다.

풍수형국으로 감상하면, 꽃봉우리 속에 자리한 것이 도산서원이기에, 이는 화심형(花心形)에 속한다. 도산(陶山)이라는 글자도 도자기의 산이라는 표현이다. 결국 그것도 호연지기 도자기에 비교되는 화심형 그릇의 문패쯤 된다. 이것이 도산서원을 접어들 때 떠올랐던 풍수들머리다.

도산서당과 참교육

도산서원 정문을 들어서면 정갈하게 단장한 건물들이 보인다. 그중 동쪽(서원 좌청룡 방향)에 있는 작은 집 한 채가 도산서당(陶山書堂)이다.

서당과 향교, 그리고 서원은 어떻게 구분될까. 서당(書堂)은 글 서(書), 마루 당(堂)에서 보듯 글방을 가리킨다. 글방은 초등단계의 사설교육시설로서 허가를 필요치 않는다. 글 선생 한 명에 방 하나만 있어도 즉시 개업할 수 있다. 향교는 국립대학교로서 나라에서 운영하는 교육기관이다. 서원도 대학교육 기관에 해당되나, 사립대학교라는 점이 향교와 다르다.

도산서당은 퇴계의 환갑(60세)때 만들어졌다. 도산서당을 연고지로 삼아 창건된 것이 도산서원이다. 도산서당과 도산서원을 손쉽게 구별할 수 있는 방법이 있다. 천원자리 지폐 뒷면을 잘 기억해두면 된다. 지폐 그림 중 서당 뒷담을 기준으로 가로선을 그었을 때, 위쪽에 해당되는 건물들은 도산서원이다. 아래쪽은 도산서당과 이에 부속된 건물들이다.

세 칸 건물에 양편을 약간씩 덧붙인 보잘 것 없는 도산서당이지만, 이를 짓기 위해 퇴계는 4년간이나 심혈을 기울였다. 터 잡기 7년에 집짓기 4년을 거쳐 완성된 것이 도산서당이었다. 터를 해석하고 이에 걸맞게 지어진 도산서당의 설계도면은 퇴계가 직접 작성했다.

그러므로 도산서당을 읽는다는 것은 도산서원을 이해하는 첫 관문인 동시에, 퇴계사상을 조명하는 것도 된다.

도산서당 담장을 살펴보면, 4곳이나 툭 트여있다. 정면에 있는 문은 서당 정문이며, 서쪽에 있는 문은 제자들이 기거했던 기숙사와 연결된 통로다. 동남쪽 모서리와 동쪽문은 자연 풍치를 감상하기 위한 풍류 문에 해당된다.

도산서당 건물 세 칸 중 가운데는 퇴계가 거주했던 완락재(玩樂齋)라는 방이다. 동쪽에 있는 마루공간은 제자들이 강의를 듣던 암서헌(岩栖軒)이다. 완락재

입구 출입문을 들어서면 소박한 독립건물 한 채가 보인다. 도산서당이다.

지폐에 나와 있는 도산서원그림 …

도산서원
도산서당

… 이곳에서 찍은 사진을 지폐에다 옮긴 것이다.

제2장 도산서원　　89

와 암서헌 사이에는 도산서당이라는 문패가 보인다. 얼핏 보아도 산(山)자는 그 모양 그대로 산이다.

열 명 정도 앉을 만큼 좁은 암서헌에는 오늘날 우리가 새겨야 할 교훈이 있다. 암서헌 마루 끝에는 살평상이 덧달려있다. 서당 창건 당시 살평상은 없었다. 퇴계는 완락재에서 제자들을 가르쳤고, 제자들은 암서헌 마루에 꿇어앉아서 공부를 했다. 제자들이 차츰 불어나자 마룻바닥은 늘 비좁았고, 밀려난 제자들은 땅바닥에 꿇어앉아서 공부할 수밖에 없었다. 이를 고심한 제자 하나가 한 평 남짓한 살평상을 기증했다. 그러자 퇴계는 그 제자를 불러 꾸짖었다.

살평상을 기증한 제자는 당시 그곳 고을의 사또였기 때문이다. 목민관이 공과 사를 구분치 못해 나라 재정을 축냈다면, 이는 비리관리이고, 살평상 값을 다른 곳에서 충당하였다면, 그것은 부정축재 탐관오리다. 나는 너를 그렇게 가르치지 않았다고 꾸짖었다. 스승으로부터 이러한 질타가 있을 것이라는 것을 미리 짐작한 제자는 준비한 서류를 퇴계에게 바쳤다.

조목조목 적혀있는 내용은 목민관으로 부임한 이후부터 적어놓은 살림 가계부였다. 몇 월 며칠 녹봉에서 몇 푼을 절감하였고, 먹는 반찬 수를 절약하니, 몇 푼이 저축되었고 하는 기록들이었다. 저축액 누계와 살평상 견적의 대차대조표가 맞아 떨어졌다. 공인의 의무인 투명성을 스승에게서 배운 그대로 밝힌 것이다.

그러한 인성교육을 가르쳤던 곳이 도산 서당이었다. 성균관 대사성을 역임한 퇴계는 1.5평쯤 되는 완락재에 기거하면서 가르쳤다. 제자들은 3평 남짓한 마룻바닥에 꿇어앉아서 공부했다. 4.5평밖에 안 되는 이 비좁은 공간에서 배출된 정승판서가 무려 27명이나 되었다.

한명의 참된 교육자로 인해 참된 교육이 무엇인가를 다시금 되새겨볼 수 있는 도산서당이다. 도산서당 답사 시, 살평상에 앉아서 선현들의 이런 대화를 한번쯤 상상해보면, 세상을 보는 눈은 훨씬 맑아진다.

도산서원의 도산은 서원 배산에서 따온 명칭이다. 그런 까닭에 山자도 산처럼 그려 놓았다.

완락재 내부. 1.5평 남짓한 완락재는 퇴계가 기거했던 공부방이다.

암서헌 끝에 붙어있는 살평상. 못난 제자가 붓타령한다. 참된 선비는 진흙탕 밟고서도 문리를 깨친다.

퇴계도 한 풍수 했다

퇴계가 기거했던 1.5평 방에 걸린 완락재 편액. 왜 이곳을 완락이라 했을까?

퇴계가 직접 작명한 완락재(玩樂齋)의 완은 완상(玩賞)을 뜻한다. 즐겨 구경한다는 완상에 즐거울 낙(樂)자가 붙으니, 이는 즐겨 구경함 속에 즐거움이 있는 방이 된다. 왜 이곳이 완락재인가를 알아보려면, 당시 퇴계의 시선에다가 우리 눈을 맞춰보아야 한다.

완락재에는 방문이 3개 있다. 그 중 하나는 책장 공간을 통풍시키기 위한 환기 용도다. 남쪽에 있는 방문도 출입문 용도다. 이리저리 살펴보자. 완락재 동쪽에 있는 방문이 완락을 풀어주는 열쇠로 드러난다.

당시 퇴계는 군주남면이라는 유교예제에 따라 북쪽 벽에 등을 대고 앉았다. 남면한 퇴계가 잠시 고개를 동쪽 방문 쪽으로 돌렸을 경우 사진과 같은 광경을 보게 된다. 도산서당 풍류들이 전부 모여 있는 공간이다.

마당에 있는 사각형 연못은 정우당(淨友塘)으로 그곳에는 연(蓮)을 심었다. 연꽃은 더러운 물에서도 아름다운 꽃을 피운다. 이를 벗 삼아 혼탁한 사회에서도 선비정신을 꽃피우겠다는 의지가 정우(淨友)인 것이다.

정우당 주변 담벼락은 두 군데가 터져있다. 그중 크게 터져있는 담장과 바깥 경치는 그 자체의 완상대상을 제공하는데, 눈길을 더 끄는 것은 다리를 놓아 출입문 역할을 겸하고 있는 동쪽 샛문이다.

샛문을 더 가까이 들여다보면, 다리너머로 표석하나가 보인다. 표석에 새겨진 글자는 절우사(節友社)다. 이곳에 매화, 대나무, 국화, 소나무들을 심었다. 절개(節槪)를 지키는 벗(友)들을 선비정신으로 놓고서 완상하였던 공간임이 재차 확인된다.

완락재 동쪽 방문을 통해 드러나는 광경들 …

… 그중 한쪽 샛문에는 절우사라는 표석도 보인다. 이 역시 완락풍류다.

완락은 도산서당 서편에도 있다. 매화도 퇴계 완락에 해당된다.

이는 도산서당 앞에 있는 역락 서재의 역락(亦樂)과도 통한다. 벗들이 찾아오니, 이 또한 즐겁지 아니한가가 역락이기 때문이다. 절우 중에서도 엄동설한을 뚫고서 꿋꿋이 피는 매화의 절개를 더욱 좋아했다. 그래서 제자들과 통하는 서편 통로에다가 매화나무를 심어 놓았던 퇴계였다.

여기까지가 도산서당에 걸린 퇴계교육의 풍류공간이다.

이러한 도산서당에는 풍수나무도 있다. 서당 뒷담을 바깥에서 살펴보면, 용도 불명의 계단식 담벼락 하나가 일직선으로 다가와서 붙고, 담 옆에는 나무 한그루가 보인다. 문제의 담벼락과 나무의 입지를 이리저리 측정해보면, 나무 위치가 완락재와 남북일직선을 이루고 있다는 것을 알게 된다. 문제의 나무 지점은 도산서당으로 생기를 넣어주는 풍수 잉(孕)인 곁이다.

그렇다면 담벼락은 무슨 용도일까. 그것은 잉을 보호하기 위해 조성한 풍수담장이다. 소수서원 잉 뒤쪽은 영구봉에서 꿈틀거리며 내려오는 태식현상이 발견된다. 이곳 도산서원에서도 잉 나무 뒤쪽을 살펴보면, 지표면이 출렁거리는 태식현상이 드러난다.

도산서당 건물들의 배치와 설계는 퇴계가 작성했다. 이는 퇴계가 풍수건축을 활용하고 있었다는 말이기도 하다. 사대부 풍수는 도산서당 우백호 쪽에 있는 농운정사(隴雲精舍)에서 다시 발견된다.

농운정사는 제자들이 기거하면서 공부했던 ㄱ숙사다. 농운정사에는 항시 공부하라는 시습재(時習齋)문패도 걸려있다. "공부하세 공부하세 젊어서 공부하세 늙어지면 못하나니 …"가 퇴계의 제자사랑 목소리였다. 그래서 퇴계는 농운정사 건물자체를 풍수형국중의 하나인 공(工) 모양으로 설계하였던 것이다. 오늘날로 치면 공부(工夫)파워를 일으키는 풍수파의인테리어 건물쯤 된다.

도산서당과 농운정사 배치는 소수서원의 사당과 강당배치와는 정반대 시각을 담고 있다. 소수서원과 도산서원 배치를 풍수로 비교해보면, 그때부터는 서원을 보는 새로운 시각과 우리문화재를 보는 안목은 더 넓어진다.

도산서당 뒷담 너머에는 풍수나무도 있다. 잉(孕)나무다.

잉나무와 연결된 지표면에는 식(息)현상이 드러난다. 이를 보호하려고 사람들의 통행금지 담장을 쳤다.

도산서당 지붕 우측 저편에 보이는 건물이 농운정사다.

정문 앞에서 농운정사를 보고 농원정사 평면도를 상상하면 공(工)자 모양이 그려진다.

제2장 도산서원

양택서원 - 퇴계의 교육관이 담긴 전통 서원

매표소 부근에 걸려 있는 안내도를 보면, 도산서원은 소수서원과는 완전히 다르다는 걸 알 수 있다. 먼저, 도산서당과 소수서원 배치를 비교하여 보자.

소수서원에서 가장 서열이 높은 건물은 문성공묘다. 도산서원은 완락재가 있는 서당건물이 가장 높다. 문성공묘는 소수서원 서쪽인 우백호 자리에 입지하지만, 도산서당은 동쪽인 좌청룡 쪽에 배치되어 있다.

설계도 작업도중 본채 서쪽에 있던 안방을 동쪽으로 이동시켰을 경우는 어떻게 될까. 그럴 경우 설계도는 완전히 변경된다. 소수와 도산의 차이점은 바로 여기에 있다.

소수서원은 1543년에 창건되었다. 두 번째로 등장한 남계서원은 1552년에 창건되었다. 불과 10년 사이에 해당되나 남계서원과 소수서원은 서로 다른 양식을 보여주고 있다. 그 이유는 퇴계 때문이었다.

소수서원은 시간이 지나면서 과거시험 교육장으로 변질되어 갔다. 퇴계는 이를 개탄하며, 서원은 인성공부 하는 곳이라는 것을 강력히 주장했다. 이에 뜻있는 선비들이 퇴계의 주장을 따랐다. 이러한 풍조가 설득력을 얻자 사당보다는 공부를 중요시하는 강당중심서원이 등장하게 된 것이다. 이것이 남계서원이다.

남계서원 때부터는 강당이 서원 혈 자리를 차지하게 된다. 강당이 혈 자리를 차지하자, 강당을 중심으로 삼은 양택 풍수설계가 적용되었던 것이다. 양택 풍수설계는 이미 150년 전 경복궁 창건 때도 사용되었던 오랜 역사를 갖고 있다.

서원에 풍수설계가 영향을 주었다는 것은 도산서원보다 2년 전에 창건된 옥산서원에서도 발견된다. 옥산서원의 형국은 날아드는 봉황의 집인 봉소형(鳳巢形)이다. 봉소형에 따라 풍수설계한 것이 옥산서원의 강당마당배치였다.

한 마리의 봉황이 날아드는 모양의 산을 앞산으로 삼았다. 이 때 날아 들어오는 산복(山福)을 담아야 서원은 풍수기운을 받게 된다. 마당을 둥지처럼 배치시

도산서원 안내도.

① 상 덕 사
② 전 사 청
③ 삼 문
④ 장 판 각
⑤ 전 교 당
⑥ 상 고 직 사
⑦ 홍 의 제
⑧ 박 약 제
⑨ 서광명실
⑩ 진 도 문
⑪ 동광명실
⑫ 옥 진 각
⑬ 하고직사
⑭ 농운정사
⑮ 도산서당
⑯ 정 우 당
⑰ 절 우 사
⑱ 정 문
⑲ 역락서재
⑳ 열 정
㉑ 운영대
㉒ 곡 구 암
㉓ 천 연 대
㉔ 매 표 소
㉕ 안 내 관

일렬로 배치된 옥산서원(玉山書院)사당 강당지붕을 향해 날개를 펼친 새모양의 자옥산이 다가온다. 자옥산과 같은 모양을 봉황이라 한다.

자옥산(紫玉山) 기운을 받으려고 서원 명칭도 옥산(玉山)이라 했고, 봉황기세를 담으려고 강당마당 건물들도 여느 서원 강당 마당들과 다르게 둥지처럼 밀착되겠끔 배치시켰다.

제2장 도산서원　97

켰다. 이것이 옥산서원에 걸린 사대부 풍수다.

1574년, 운명한 퇴계 이황을 기리기 위해 도산서당 뒤쪽에 도산서원이 들어선다. 남계, 옥산, 도산서원들은 모두가 양택 서원들이다.

양택 풍수서원들은 임진왜란이 터진 1592년 이전까지 대물림되어 전통 서원군을 이룬다.

서원에는 선비정신이 담겨져 있다는 말을 종종 듣는다. 이때 선비정신 서원이란 양택 풍수서원들을 가리킨다.

도산서원 창건 2년 후인 1576년 남명 조식을 기린 덕산서원(후일 덕천서원으로 개칭됨)이 창건되자, 당시 3산서원이라는 말까지 유행되었다. 옥산(玉山), 도산(陶山), 덕산(德山)서원들이 그 시대 선비정신을 대표했던 3산서원(三山書院)들이다.

양택서원 혈 자리에 강당들이 입지하게 되자 사당은 잉(孕)자리로 밀려난다.

혈 자리에 강당을 배치한 서원이냐, 사당을 입지시킨 서원이냐의 구분은 서원 배치만 보고서도 일반인들도 쉽게 알아낼 수 있다.

풍수 혈 자리 앞 편에는 좌청룡 우백호가 있어야 한다. 이것들이 있어야 혈 자리에서 발원하는 생기가 보존될 수 있다는 것이 풍수의 기본원리다. 그래서 혈 자리 앞 편에다가 좌청룡격인 동재(東齋)건물을, 우백호 자리에다는 서재(西齋)건물을 배치 시켰던 것이다. 그러므로 동서재가 강당 앞 편에 있으면 그것은 양택 서원이며, 동서재가 사당 앞에 있으면 그것은 음택 서원이다.

남명 조식을 배향한 김해 신산서원의 배산은 전형적인 복호형(伏虎形)을 보여준다. 엎드린 호랑이는 아가리에 혈이 있다. 이를 호구혈(虎口穴)이라 한다. 신산서원도 정확히 호구혈에 택지되어 있다. 결국 풍수는 서원택지에서부터 배치 설계에 이르기까지 적용되었던, 그 당시 건축학문이었음을 알 수 있다.

서원에는 사대부풍수가 들어있고, 선비정신이 담겨 있다. 우리가 아직까지 이를 보려고 하지 않았던 탓에 모르고 있었던 것뿐이다.

〈도산서원측면도〉

상덕사 / 내삼문 / 전교당 / 홍의재 / 진도문

사당(잉) / 사당문(입수처) / 강당(혈) / 서재(우백호) / 동재(좌청룡) / 정문(전주작)

〈신산서원전경〉

도산서원 배치도를 신산서원 사진에다가 맞추어 보면 같은 양식임을 알게 된다. 이러한 양식이 강당중심서원이 되는데, 터를 풍수로써 관산하면 …

호랑이 등 / 꼬리 / 대가리

… 엎드린 호랑이의 호구혈(虎口穴)에 택지한 것이 신산서원이다. 이점 서원과 풍수의 만남이기도 하다.

제2장 도산서원

서원에 담긴 선비정신

도산서당 뒤편에는 도산서원이 있다.

계단을 따라가면 진도문(進道門)을 만난다. 정문인 진도문을 통과하면 서원 경내로 들어서게 된다. 강당 정면에 붙어있는 도산서원 현판은 선조8년(1575년)에 사액 받은 것으로 글씨는 한석봉이 쓴 것이다.

도산서원 강당인 전교당(典敎堂)앞에는 기단 위쪽까지 치솟은 돌기둥 모양의 물건 하나가 서 있다. 정료대(庭燎臺)라고 부르는 저것은 야간에 관솔불을 피우는 조명시설이다. 서원에는 용도상 두 개의 조명시설이 필요하다. 한밤중에 지내는 제사로 인해 사당 앞마당에 있어야 하는 조명시설과, 야간 공부와 모임을 위한 강당 앞의 조명시설을 필요로 한다.

그런데 여느 서원을 막론하고 정료대는 하나만 세워져 있다. 강당 앞에 있을 경우 사당에는 없고, 사당 앞에 있을 경우 강당에는 생략된 것이 정료대다. 불편함을 감수하면서도 오직 하나만의 정료대를 세웠던 것이다. 왜 그랬던 것일까? 그 이유 속에 서원정신이 담겨 있다.

세조찬탈사건이 터졌다. 그러자 관학교육 최상의 엘리트 집단인 집현전 학사들이 반기를 들었다. 이들을 국문하던 세조는 심히 불쾌했다. 사육신들은 말끝마다 세조에게 '나으리' 라는 호칭을 썼을 뿐 한 번도 '전하' 라는 말을 하지 않았던 것이다. 대노한 세조는 그 이유를 물었다. 그러자 사육신들은 당당하게 대의명분론을 내세웠다. "하늘에는 해가 둘이 없듯이 임금은 오직 하나다"라고 외쳤다. 충신은 결코 두 임금을 섬기지 않는다는 불사이군(不事二君)을 밝힌 것이다.

하늘에는 해가 둘일 수 없다. 그러므로 서원에도 태양을 상징하는 정료대 두 개를 세울 수가 없었다. 이것이 정료대에 걸린 불사이군이다.

전교당 앞마당은 서원들의 앞마당처럼 당당하다. 당당하게 2개의 돌길도 직선으로 바르게 놓여있다. 이는 소수서원 기숙사에 직방(直方)이란 글자가 걸린 이

위사진 / 서원 정문인 진도문, 입시교육 교과서 진도(進度)나가자는 말이 아니다. 인간을 인간이게 하는 도(道)앞에 나가자는 문이다. 진도문을 들어서면 …

오른쪽사진 / … 강당 앞에 정료대가 우뚝 서 있다. 서원 정료대에는 선비의 도(道)가 들어있다.

아래사진 / 반파된 도동서원 사당 정료대. 도동서원 정료대는 강당 앞에 있는데, 무식한 졸부양반이 뭘 모르고 사당에다가 세웠나보다. 그러자 어느 선비가 냅다 저렇게 부서버렸다.

제2장 도산서원

유와도 통한다. 올곧게 가라!

서원마당이 경건한 것은 선비정신을 담고 있기 때문이다.

마당을 찍은 사진우측으로 보이는 건물은 도산서원의 기숙사다. 홍의재(弘毅齋)라는 명칭을 단 서재(西齋)는 신입생 기숙사다. 서재와 마주하는 동편 동재(東齋)는 박약재(薄約齋)로 선배들의 기숙사다. "넓고 의연한 마음을 갖자"는 홍의와 "학문을 넓히고 예를 갖추자"는 박약의 뜻이 이곳 동, 서재에 걸린 것이다.

박약재 뒤편으로 가서 기단을 관찰하면, 서재기단이 동재기단보다 높다. 동재보다 서재를 약간 높게 세워놓은 것은 도동서원, 병산서원 등 심지어는 향교와 성균관 대성전 마당에서도 발견된다.

서쪽에 해당되는 우측을 높이 세운 이유는 좌우명(座右銘)과 연결된다. 참된 선현의 말씀은 머리맡 우측에다 모셔놓고 이를 항상 새기며 따르겠다는 것이 좌우명이다. 불사이군이라는 좌우명에 목숨까지 바쳤던 사육신들의 목소리를 정료대는 이렇게 들려주었다. 세조는 괘씸한 사육신들을 한꺼번에 새남터(한강 백사장)로 끌고 가서 참수하라고 했다.

당시 끌려온 사육신 중에는 성승과 성삼문이 있었다. 성승의 아들이 성삼문이다. 망나니의 칼이 성승의 목을 치려는 순간, 세조로부터 급한 어명이 당도했다. 아들인 성삼문 목부터 치라는 어명이었다. 이는 아비를 두 번 죽이는 것에 해당된다. 아비 성승 앞에서 먼저 죽어야하는 성삼문은 울면서 아비에게 용서를 구했다. 그러자 성승은 이렇게 말했다.

"아니다. 효보다 충이 먼저라고 배우질 않았느냐, 만고충신의 죽음을 보는 것은 선비의 영광인데, 그 충신이 내 아들이라니! 이 보다 더 영광스러운 일은 이 아비에겐 없다!"며 백사장이 떠나가도록 크게 웃었다고 전한다.

오늘날 서원마당에서 한번쯤 되새겨볼 선비정신의 좌우명이다.

강당마당. 우측편에 서 있는 건물이 서재다. 진도문을 들어온 사람은 좌측길(東入)로 강당에 이르고 나갈 때는 우측길(西出)로 퇴장한다. 동입서출. 하늘을 운행하는 태양처럼 통행했다.

동재인 박약재.

동재기단에서 서재기단을 이런 식으로 관찰하면 저쪽에 있는 서재기단이 높다. 모든 서원들도 동재보다 서재가 높다. 만약 이와 같은 법칙에 어긋날 경우 그것은 오늘날 뭘 모르고서 잘못 복원시킨 서원인 것이다.

사당 공간

강당 동편을 돌아들면, 사당문이 보인다.

평삼문(平三門) 문짝에 걸린 삼태극 색깔이 특이하다. 삼태극은 천지인(天地人)을 상징하고 있다. 하늘은 양(陽)을 상징하기에 붉은색을 칠한다. 땅은 음(陰)이기에 푸른색을 그리고 사람은 황토(黃土)사상에서 노란색으로 칠한다. 그러므로 삼태극은 빨강, 파랑, 노랑이라는 삼원색을 갖고 있다.

2002년 답사 때, 서원 관리인이 이곳 삼태극을 흰색, 남색, 검은색으로 칠해 놓은 이유를 설명하긴 했는데 당시 그 말을 귀담아 듣질 못했다.

귀보다 눈이 더 빨랐던 탓이다. 아무튼 사당문에 걸린 태극모양 때문이었다. 삼태극은 같은 모양들이 걸리기 마련인데, 이곳 삼태극 중 가운데 것은 양편과 다르게 살짝 변동되어 있다. 좌측에서 우측으로 혹은 우에서 좌로 삼태극 모양들을 번갈아 보면 뺑뺑이판처럼 빙빙 돌아가는 느낌마저 든다. 그래서 그 때 듣질 못했다.

도산서원처럼 강당 뒤편에다가 사당을 배치하기 시작한 것은 남계서원부터다. 이곳 사당마당을 살펴보면, 돌길 하나가 평삼문 좌청룡 쪽으로 연결되어 있다. 그러나 우백호 쪽인 우측 길은 생략되어 있다. 이것은 음택 풍수 특유의 배치다. 이는 왕릉 정자각 계단의 원리와도 같다. 좌측 문으로 출입한 사당영령은 제사를 마친 이후부터는 사당에 안주하여야 한다. 혼령이 생자(生者)를 따라 나와서는 안 된다. 그런 이유에서 우측계단을 생략시킨 것이다. 이 같은 현상은 돌계단 하나만을 설치한 남계서원에서도 읽을 수 있다. 남계 역시 사당 좌측 계단만 설치하였는데, 아래쪽에 있는 강당 중심과 비교하면 쉽게 알 수 있다.

사당 문을 들어서면 상덕사(尙德祠)건물이 보인다. 퇴계 이황을 모신 상덕사의 사(祠)자에서 이곳은 묘(廟)가 아닌 사당(祠堂)임을 알 수 있다.

소수서원 사당은 문성공묘다. 그러나 남계서원 때부터는 묘(廟)자를 떼어 버

강당 뒤쪽에 배치된 사당. 삼태극 모양이 특이하다.

사당마당의 돌길도 사당 좌측문으로만 연결되어 있다.

남계서원 사당길도 강당 좌측에서 올라오고 있다. 이러한 광경들은 왕릉정자각 계단에서 또 다시 목격된다.

리고 강당과 동등하게 사당으로 칭했던 것이다.

남계서원사당 좌측을 보면 석물2개가 놓여 있다. 바깥쪽 석물은 정료대다. 정료대 옆을 보면 낮은 석물 하나가 또 있다. 관세대(盥洗臺)라 한다. 제사 때 관세대 위에 세숫대야를 올려놓고 손을 씻기 위해 만든 것이다.

사진 위쪽으로 지붕처마가 보인다. 사당제사 때, 제기 등 제사용품을 보관하는 전사청 건물의 지붕이다. 전사청이 사당 부속 건물로서 같은 영역 안에다가 배치시킨 것도 남계서원 때부터이며, 도산서원의 사당도 이 같은 배치를 따랐다.

상덕사 우측 편 담장을 보면(사진 좌측 끝부분 중간) 작은 문 하나가 살짝 보인다. 전사청으로 통하는 문이다. 사당영역에 배치된 전사청 방위를 살펴보면, 이러한 의문이 생긴다. 남계서원의 전사청은 좌측인 좌청룡 쪽에 있다. 도산서원은 사당 우측인 우백호 쪽에 전사청이 자리 한다. 이러한 입지는 엿장수 마음대로 식으로 가져다 놓은 배치가 아니다.

엄격한 유교예계에 따라 한 치의 어긋남 없이 배치된 것이 서원이다. 이 같은 배치를 읽는다는 것은 곧 선조들의 마음을 읽는 것이며, 이를 두고 서원은 유교예제를 담고 있다고 하는 것이다.

선조들의 마음을 읽으려면 선조들의 시각으로 읽어야 한다. 가령 도동서원 사당 안에 있는 담장을 보면, 담에 구멍이 하나 뚫려져 있다. 이는 제사를 지낸 후 태운 축문을 처리하는 시설이다.

도동서원에서는 이를 감(坎)이라 한다. 감(坎)은 북쪽을 가리키는 팔괘방위 용어 중에 하나다. 조선왕릉 시설물 중에서 축문을 태워 묻는 석함을 예감(瘞坎)이라 한다.

예감에서 따온 것이 도동서원의 감(坎)인 것이다. 이것이 풍수상대향 속에 들어있는 선조들의 시선이었다. 이러한 선조들의 시선으로 우리 문화재를 읽을 때 비로소 서원은 우리에게 많은 이야기를 들려준다.

위사진 / 도산서원 사당인 상덕사. 우백호 쪽 담장에 전사청 샛문이 보인다.

남계서원 사당. 좌청룡 쪽에 있는 전사청 지붕이 보인다.

도동서원 사당 옆 담장에 조성된 감(坎). 강당에서 볼 때 남쪽에 해당되지만 풍수로 치면 북쪽을 상징한다. 그래서 북쪽(坎)자리에서 축문을 태우는 예감이라하여 감(坎)이라고 칭하고 있는 것이다.

서원의 예제배치

상덕사 우측 샛문은 사당부속건물인 전사청과 통한다.

전사청은 사당제사 때, 음식을 상에 차리고 보관하는 곳이다. 제기를 보관하는 제기고 역할도 했다. 이곳 전사청은 두 칸 건물들이 동서 양편에서 마주보고 있다. 두 칸으로 지은 것은 제사를 지내는 음택 공간이기에 짝수(음수)로 맞춘 것이다. 동쪽에 있는 건물은 주청(酒廳)으로 목욕재계한 제관이 숙직하는 온돌방 한 칸과 제사상을 보관하는 마루방 한 칸으로 꾸며져 있다.

서쪽건물은 제기고(祭器庫)로 제기와 제사물품들을 보관하는 창고이기에 바닥을 돌판으로 깔았다. 도산서원 전사청은 상덕사 우백호 쪽에 있다.

상덕사 좌청룡 쪽에는 장판각(藏板閣)이 자릴 한다. 장판각은 책을 찍는 목판을 저장하는 건물이다. 목판으로 책을 찍어서 유학을 보급시켰던 서원의 장판각은 오늘날 지방출판사에 해당된다. 도산서원 장판각이 보유한 목판과 광명실에 보관된 서적들은 그 질과 양에 있어서 당시 최고였다. 도산서원의 출판 사업은 다른 서원들의 책들까지 제작 보급하는 등 큰 출판사였다.

서원(書院)이라는 글자에서 보아도 짐작되듯 책(書)은 서원에서 중요시 되었기에 장판각 위상 역시 높았다. 이러한 장판각을 노비들이 들락거리는 전사청과 같은 자리에 배치시킬 수는 없다. 그런 까닭에 전통서원들의 장판각, 장서각들은 전사청과 정반대편에 놓여지게 되었다.

도동서원 장판각은 강당 우측에 있다. 그러므로 서원노비들의 숙소였던 고직사는 강당 좌측에 자릴 하게 되었다. 반면 도산서원 장판각은 좌청룡 쪽에 있기에 고직사는 우백호 쪽에 있어야 한다. 도산서원 우백호 쪽을 보면, 어김없이 고직사가 배치되어 있다.

터 잡이 배치는 조선시대 신분 속에도 들어 있었던 요지부동한 것이었다.

조선왕조는 사농공상(士農工商)이라는 계급서열이 존재한 신분사회였다. 터

상덕사 샛문을 들어서면 전사청과 만나게 된다. 온돌방과 마루방을 갖춘 건물은 주청이다.

주청 맞은편에 자리한 제기고. 지게를 지고온 노비가 짐풀기 편리하도록 만들어 놓은 제사창고다.

상덕사 좌청룡 자리에 배치된 도산서원 장판각.

도동서원 장판각은 도산서원과는 다르게 강당우측(우백호)에 있다.

가 신분을 대변했던 왕조였던 것이다. 상위 신분인 사대부들은 반촌(班村)이라는 자신들의 터를 무엇보다 더 앞세웠다. 명당 반촌에 명당 선산까지 갖춘 집안은 그 자체가 땅땅거릴 수 있었던 뼈대 있는 가문에 속했다.

그 다음 서열은 농인(農人)으로 이들에게도 경작할 땅은 있었다. 사대부들은 뼈대 있는 텃새였고, 농인들은 무지렁이 텃서쯤 되었다.

그러나 공인(工人)과 상인(商人)들은 텃새가 아닌 철새신분에 속했다. 철새 중에서도 공인은 그나마 대장간이라도 있는 쟁이 신분에 속했다. 환쟁이, 풍수쟁이 등등 인근지역과 연을 맺고 있는 반 철새쯤 된다. 상인에 이르면 이는 완전한 철새신분이다. 조선팔도 5일장을 뱅뱅 돌아다니는 장돌뱅이 신세였다.

터가 신분서열의 명함이었던 조선왕조시절에 서원 역시 신분서열에 따라 건물배치가 결정되었음은 물론이다. 이를 염두에 두고 도산서원 건물들을 감상하면 특이한 광경들이 드러난다.

혈 자리를 차지하고 있는 강당을 중심으로 삼아 관찰하면, 사당과 장판각 그리고 동재가 자리한 좌청룡 쪽이 좌상(左上)임이 드러난다. 반면 우백호 쪽은 전사청, 고직사, 서재 등으로 낮은 신분들이 기거하는 우하(右下)공간임이 드러난다.

즉 도산서원은 좌청룡 공간이 아랫목이라면, 우백호 쪽은 윗목 신세였다는 것이다. 좌청룡 우백호라는 좌상우하(左上右下)시각으로 도산서원 전 지역을 감상하면 새로운 광경을 목격하게 된다.

진도문 앞에서 바라보면 우백호 쪽으로는 건물들이 가득 차 있다. 그러나 좌청룡 쪽은 도산서당만 있을 뿐 텅 비워있는 광경을 보게 된다. 이 같은 광경은 이곳 도산서원에서만 볼 수 있는 광경이다. 이런 것이 우리문화재 도산서원에 걸린 독특한 풍수화두이기도 하다.

도산서원 고직사. 같은 경내에 있으나 강당, 동서재 등 사대부 한옥분위기와는 다르게 노비들의 신분에 걸맞는 창고냄새가 물씬 풍긴다.

강당을 중심에 두고 볼때 도산서원은 좌청룡 쪽에 사당, 장판각, 그리고 동재까지 높은 서열의 건물들이 자리하고 있다.

진도문에서 바라본 광경. 통로길을 중심으로 좌측은 비워있고, 우측은 건물들로 가득차 있다. 예제 신분에 따른 풍수배치 때문이다.

제2장 도산서원   *111*

강당에 걸린 예제풍수 화두는 …

특이한 것은 도산서원뿐만이 아니다. 강당까지 특이한 구조를 하고 있다. 전교당 건물 중 좌청룡 쪽은 방이 아닌 마룻바닥인 것이다. 대부분의 서원강당의 양편에는 방들이 배치되어 있다. 좌청룡 방은 원장실이고, 우백호 방은 부원장과 교수실이다. 그 당시 3산 서원으로 명성을 날렸던 덕산서원, 옥산서원도 강당 양편에는 방들이 있다.

도산서원 강당에 걸린 마룻바닥 화두를 풀어보기로 하자. 이것이 풀리면 도산서원 전체배치가 한 눈에 들어온다. 그때부터는 다른 서원들도 새롭게 보이기 시작한다. 대단히 중요한 대목이기에 차근차근 한걸음씩 접근하여야 한다.

전통 서원들의 강당이 혈 자리를 차지하자, 혈 자리에 장풍(藏風)역할을 담당하여줄 구조물들이 필요하게 되었다. 장풍역할의 구조물이란 소위 좌청룡, 우백호, 전주작이라 하는 그런 것들이다. 그래서 좌청룡 자리에 동재를 배치했고, 우백호 자리에는 서재를 배치했다. 전주작 역할을 담당하고 있는 것은 강당과 마주하는 누대와 정문들이었다.

이렇듯 풍수 사신사(四神砂) 배치가 강단공간의 건물배치 골격이 되었다. 도산서원 강당 마당과 옥산서원 강당 마당은 한눈에 보아도 느낌이 다르다. 도산의 경우 강당과 동, 서재 건물 사이가 적당히 벌어져있다.

반면 옥산서원 강당과 동, 서재 건물 사이는 밀착된 광경을 보여준다. 앞쪽에 있는 자옥산이 날개를 활짝 펴고 날아오는 봉황새이기에 봉황의 기운을 강당 마당에 담으려고 했던 풍수적인 이유였다. 그래서 봉황의 집인 봉소(鳳巢)라는 둥지모양으로 만든 것이 옥산서원 강당 마당이다. 둥지모양처럼 포근히 감싸는 마당배치 때문에 전주작에 해당되는 옥산서원 무변루는 문짝까지 달고 있다. 이는 다른 서원에서 보기 드문 옥산서원 건물양식이다.

그러나 도산서원의 풍수형국은 화심형(花心形)이기에 옥산서원과도 같은 강

도산서원 강당마당은 전통서원 표준배치를 보여주고 있다. 동재와 서재가 강당건물과 적당한 거리를 두고 있다.

옥산서원 강당마당의 동재, 서재, 강당건물들은 바짝 붙어있다.

전주작에 해당되는 옥산서원 누대에는 문짝까지 달려있다. 풍류 공간확보보다는 풍수발복을 중요시 했기에 달린 문짝이다.

당 마당을 필요로 하지 않는다. 특이한 풍수형국에 걸리지 않는 한 전통서원의 강당 마당들은 도산서원마당처럼 배치되어 있다.

 전통서원 마당을 보여주고 있는 도산서원일지라도 강당구조만은 여느 서원들과는 다르다. 좌청룡 방향의 강당1칸을 비워놓은 이유는 무엇일까. 이것이 전교당에 걸린 화두다.

 강당 좌측(좌청룡 쪽 좌협실)에 있어야 할 방 하나가 생략되자, 우백호 쪽에 있는 우협실(右夾室)이 도산서원 원장방이 되었다. 사립대학교로 치면 강당은 대학본부동이며, 원장방은 총장실이다. 모든 서원의 방 중에서 가장 서열이 높은 방은 강당 좌측 동협실인 것이다.

 동협실을 생략시키자 서협실로 밀려난 원장방은 한존재(閑存齋)라는 현판을 달고 있다. 글자대로 풀면 "한가한 존재의 방"이라는 뜻도 된다. 별 볼일 없는 도산서원 원장실이라는 뜻이다. 이 같은 풀이가 민망했는지, 한존재를 풀어놓은 도산서원 안내 글은 눈에 띄지 않는다.

 한존재라는 이름처럼 좌상(左上)자리에서 밀려나 우하(右下)로 갔던 것이 이곳 원장실이다. 사립대학교 총장실을 이렇게 푸대접하고 있는 이유는 무엇일까?

 게다가 도산서원 원장은 무슨 이유에서 한가한 존재라는 것일까. 이 역시 도산서원 전체배치를 읽어보면 드러나는 대목이기도하다. 이때 앞서 살펴본 풍수 대목들은 이를 풀어주는 열쇠가 된다.

좌청룡 협실이 생략된 전교당. 도산서원 현판 글씨는 한석봉이 쓴 것이다. 퇴계 제자 류성룡과 한석봉은 절친한 친구 사이였기에 류성룡의 부탁으로 더욱 정성껏 썼을 것이다.

한존재라는 글씨가 보인다. 이런 것들을 풀어보는 것이 문화재 답사의 흥미로움이다.

제2장 도산서원　　115

도산서원의 마스터플랜

천 원짜리 지폐에 그려진 도산서당 광경이 한눈에 보이는 지점이 있다.

도산서당에서 절우사 표석이 있는 동쪽 문으로 가서 남쪽 산비탈을 살펴보면, 아주 번질번질한 땅바닥이 보인다. 사람들이 시도 때도 없이 오르락내리락했기 때문이다. 번질거리는 땅바닥을 보고서 몇 걸음을 더 옮기면, 번질거리는 나무 한그루가 서 있다. 나무줄기를 오른손으로 쥐면 한손에 잡힌다. 그런 자세로 주위 전경을 보면, 천 원짜리 지폐에 그려놓은 도산서원광경을 그대로 보게 된다. 너도나도 그런 식으로 도산서원을 감상하였기에 번질거리는 나무가 되었던 것이다. 이곳에서 도산서당을 쳐다보면, 서당 뒤편에 있는 도산서원도 보인다.

도산서원은 도산서당을 연고지로 삼아 창건되었다.

도산서원과 도사서당을 합해놓은 전체배치를 살펴보면, 도산서원 좌측에 있는 것이 도산서당임을 알 수 있다. 궁궐로 치면, 도산서당은 용상이며 왕이 거주하는 대전(大殿)에 속한다. 경복궁을 지을 때도 대전인 강녕전 터를 가장 먼저 잡았다. 대전입지가 결정되자 이를 중심삼아 궁궐 전각들은 배치했다. 당시 강녕전 입지를 결정시켰던 것은 그 뒤편에 있는 잉(孕:아미산)이었다.

이 같은 광경은 도산서당과 도산서원의 배치오도 통한다. 도산서당이 들어설 입지가 결정된 이후에 이를 중심으로 모든 건물들의 배치가 정해졌기 때문이다.

이때 건물들은 유교예제와 풍수원리에 따라 배치되었으며, 입지서열인 좌상우하(左上右下)라는 양택 풍수법칙에 따라 매겨졌다.

좌측자리가 높다는 좌상(左上)법칙에 따라 종묘와 동궁이 궁궐대전 좌측에 자리했다. 이는 도산서당을 좌상에 두고 우하(右下)자리에 농운정사가 배치된 이유이기도 하다.

결국 궁궐과 서원의 배치는 같은 유교예제와 같은 양택풍수법칙으로 그 틀을 잡아갔던 것이다. 이것은 우리 건축문화재의 설계양식이기도 했다.

천원짜리 지폐그림을 그린 곳에서 찍은 사진. 도산서당이 이곳에 있었던 연고에서 뒤편에 도산서원이 자리하게 되었다.

도산서원 강당에서 보면 진도문 바깥으로 도산서당이 보인다. 강당 좌측에 자리하고 있는 것이 도산서당이다.

좌측에 입지한 도산서당으로 인해 도산서원은 좌상(左上)이 성립된다. 이같은 위계질서는 유교예제에 속한다.

제2장 도산서원　　117

좌상우하법칙은 도산서당에만 걸려있는 것은 아니다. 도산서원의 배치를 살펴보아도 좌상에 장판각과 동재가, 우하자리에 전사청과 서재를 입지시켰기에 이 역시 하나의 법칙에 걸려 있는 것이다.

도산서당과 도산서원은 각각의 공간을 갖고 있다. 그러나 이들을 굳이 두 개의 공간이라고는 볼 수 없다. 이런 관계를 불이문(不二門)배치라고 표현할 수 있다. 둘이 아니라는 불이(不二)는 결코 하나라는 것도 아니다. 이는 성리학의 주체인 이기일원론(理氣一元論)과도 같은 시각이다. 도산서당 영역은 이(理)에 속하고, 도산서원 영역은 기(氣)에 속한다. 그러나 이것들은 모두 일원론(一元論)이라는 통합성을 갖고 있다. 일원론 중에서도 도산서당은 주리(主理)에 해당된다. 주리를 상징하는 도산서당은 스승 퇴계정신이 살아 숨 쉬는 공간이다. 이곳에 존재하는 모든 것들이 도산서당을 감싸듯이 설계된 이유이기도 했다.

이기(理氣) 중에서도 우선시하는 것은 단연 이(理)가 되기 때문이다. 그러므로 도산서당을 배제한 도산서원이란 존재하지 않는다.

고건축은 살아 있는 역사이며, 자연을 담고 있는 그릇이다. 그 중 서원건축은 사대부의 사상과 풍수가 배어있는 고건축이기도 하다. 고건축에서 예제법칙을 읽는다는 것은 유교왕조였던 조선의 역사를 조명하는 것도 된다. 자연을 담고 있는 그릇이 고건축이라는 것은 풍수시각으로 볼 때 비로소 드러난다. 고건축을 지었던 우리 선조들의 건축시각과 건축술에는 항상 유교와 풍수시각들이 자리 했기 때문이다. 도산서원도 그런 고건축 중의 하나다.

가령 도산서원 정문을 들어서자마자 보이는 계단을 살펴보아도, 도산서당을 향해 휘어져 있다는 것을 목격하게 된다. 눈을 돌려 더 넓은 광경들을 살펴보아도 전체 건물들이 도산서당을 감싸는 장풍배치라는 것을 알 수 있다.

이런 광경들은 배치도를 놓고서 보면 더욱 선명히 드러난다. 도산서당을 북극성으로 삼고서 일주운동을 하는 뭇별들처럼 펼쳐진 것이 이곳 도산서원 전체 배치였던 것이다.

풍수시각에서 본 도산서당은 잉(孕:나무) 앞에 놓인 육(育:혈자리)이라는 광경을 드러내고 있다. 이는 …

… 왕릉에서도 검증된다. 잉 앞에 육(혈)이 있고, 그 자리에 봉분이 입지한다.

혈자리를 차지하고 있는 도산서당은 장풍(藏風) 조건을 갖추어야 한다는 풍수법칙에 걸린다. 정문에서 진도문으로 이르는 길을 자세히 살펴 보면 계단 길이 도산서당을 감싸듯 휘어져 있다. 이런 것이 장풍배치설계다.

뭇별들의 북극성을 대낮에 비교하면 이는 해에 해당된다. 해는 둘일 수가 없다. 인하여 한존재와 정료대까지 도산서당 반대편에 입지케 되었다.

이 같은 광경들은 소수서원에서도 볼 수 있다. 문성공묘를 북극성으로 삼고서 원운동하고 있는 것은 소수서원이다.

도산서원과 소수서원의 원운동배치가 서로 다른 점을 찾는다면, 그것은 원운동들의 방위에 있다. 도산서원은 좌측에 중심을 두고, 소수서원은 우측에 중심을 두고 원운동을 한다. 도산서원은 좌상(左上)을 중요시 하는 양택 풍수서원이며, 소수서원은 우상(右上)을 높이 쳐주는 음택 풍수서원이기 때문이다.

도산서원의 이런 현상을 명확히 이해하면, 이제부터 서원답사에서 새로운 많은 것들을 볼 수 있다. 도산서원과 소수서원의 풍수배치만 이해하고 있으면, 어디에 있는 어느 서원을 가더라도 서원의 목적과 특성들은 한눈에 드러난다.

그것이 서원답사 초행길이더라도 동, 서재 배치를 보면, 양택 서원인지 음택 서원인지를 금방 알 수 있다. 동재와 서재가 좌청룡 우백호처럼 사당 앞에 배치된 서원은 제사를 중요시 하는 음택서원에 해당한다. 반면 동재와 서재가 강당 앞에 있으면 이는 공부를 중요시 했던 양택서원인 것이다.

양택과 음택이 구분되면, 양택 서원일 경우는 양택 풍수법칙을 걸면 되고, 음택 서원에는 음택풍수법칙을 걸어보면 된다. 이정도만 통과하면 그때부터는 우리 문화재 답사 길의 문지방을 넘어섰다고 볼 수 있다.

양택서원법칙은 궁궐과 관아 그리고 마을과 사찰문화재에 들어 있고, 음택서원법칙은 왕릉과 민묘와 재실과 종묘문화재들과 통한다. 그러므로 서원풍수 문지방을 넘는다는 것은 우리문화유적 답사 길에 이제껏 모르고 있었던 전통시각의 길라잡이와 동행하는 여행길도 된다.

양택 풍수서원은 남계서원부터 시작되었다. 그러나 이를 발전하도록 이끌었던 것은 퇴계 이황이었다. 그런 까닭에 퇴계를 한국교육의 거목이라고 하는 것이다.

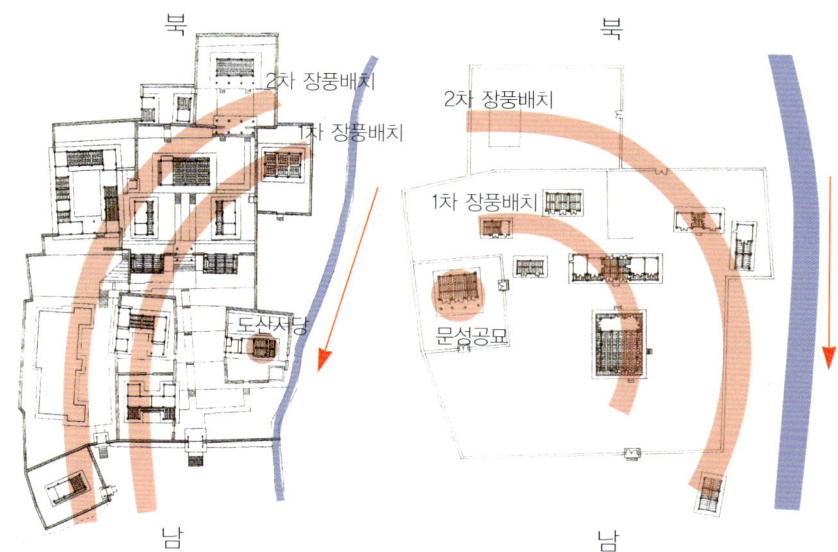

도산서당을 중심으로 삼고서 동심원을 그리고 있는 건물배치도. 좌청룡 쪽을 감싼다. 양택서원이기 때문이다.

소수서원도 장풍배치를 하고 있으나 우백호 쪽인 문성공묘를 감싼다. 음택서원이기 때문이다.

퇴계이황 초상화.

도산서당 배수구. 도산서원 물줄기는 동남쪽으로 빠져나간다. 소수서원 역시 마찬가지다. 강당과 사당 그리고 서당이라는 혈자리에서 보면 한결같이 동남쪽으로 빠져나가는 물줄기라는 것을 알게 된다. 이는 경복궁도, 퇴계묘소도 남명묘소도 마찬가지다. 남향한 혈자리 앞전 물줄기가 위와 같이 빠져나가면 이는 최상의 명당수라는 풍수법이 성립되기 때문이다.

퇴계묘소와 풍수

　도산서원 매표소 주차장 북쪽으로는 최근에 개통된 도로가 있다. 도로를 따라 2km가량 가면 삼거리가 나오고 삼거리에서 우회전하여 조금만 가면 산비탈에 자리한 퇴계 종가가 보인다. 그곳에서 2km를 더 가면 하계마을이 나타나며, 마을 북쪽 야산을 오르는 계단 하나가 보인다. 일자로 뻗어있는 계단을 따라 잠시 올라가면, 사대부 양식을 갖춘 퇴계묘소를 만난다.

　산등성이를 올라타고 있는 퇴계묘소는 용머리형국에다가 무덤을 쓴 용수지장(龍首之藏)택지임이 드러난다.

　용머리 중에서도 이마에 자리하기에 제대로 잡은 장법이다. 용수지장 택지는 우리주변에서도 흔히 발견된다. 그 중에서도 퇴계묘소처럼 이마에다 잡은 용수지장 문화재는 영월 땅에 있는 제6대 단종왕릉과 법흥사 적멸보궁 그리고 오대산 상원사 뒤에 있는 적멸보궁이 이에 해당된다. 이것들은 우리 문화유산이기에 참고삼아 적어본 것이다.

　용수지장 이마 혈에 대해서는 풍수서인 청오경 형세편에도 나와 있다. 형세편에 적힌 일행(一行)의 주문에 의하면 용머리 이마에 있는 혈 기운을 얻으면 부귀(富貴)가 왕성하게 일어난다고 한다.

　그러나 이를 내용 그대로 믿는 것에는 문제가 있다. 기실 무덤풍수 발복 타령이라는 것도 믿을 바는 못 되지만, 신빙성이 떨어지는 것은 일행에서 거론하는 용머리 택지에서도 발견된다. 청오경에서 나열하고 있는 용머리 부위들은 한국인이 생각하는 형국론 형상이 아니다. 그것은 팔산대구(八山對求)라는 역풍수(易風水)술수일 뿐이다.

　역풍수가 세상을 어지럽게 만들고 혹세무민한다는 사실은 조선왕조실록에도 나와 있다. 우리 문화재를 조명하는 데에 있어서 역풍수는 무용지물일 뿐이다. 단지 문화재급 유적에서 발견되는 역에 관한 것은 좌향론에 나와 있는 황천살

도산서원 뒤편 10리허에 자리한 퇴계묘소.

상석, 문인석, 동자석, 망주석이 제 위치에 있는데 유독 비석만이 옆으로 틀어져 있다.

(黃泉殺) 계산 정도다.

　사대부 양식을 갖추고 있는 퇴계묘소를 살펴보면, 특이한 석물이 눈길을 끈다. 봉분 앞에 상석, 동자석, 망주석 그리고 문인석 배치는 제자리에 서 있다. 그런데 비석배치는 정말 이상하다. 옆으로 서 있는 저 같은 비석배치는 이곳에서만 볼 수 있는 광경이다. 왜 저렇게 세워 놓았을까. 그 이유를 퇴계와 관련된 기록에서 찾아보아도 이렇다 할 내용은 한 줄도 없다.

　주변산천을 살펴보자, 순간 짚이는 것이 있었다. 퇴계묘소는 남향하고 있다. 남향하고 있을 때 동남방향은 황천살(黃泉殺)에 해당된다. 황천살을 맞으면 모든 것은 허사로 돌아간다는 것은 풍수서에도 나와 있다. 그래서 궁궐, 왕릉, 심지어는 무덤풍수쟁이들까지 가장 먼저 황천살부터 따진다.

　이곳은 동남방 방향으로 낙동강 물이 들어오기에 퇴계묘소는 황천살을 받는다. 이런 생각이 들자, 패철(풍수나침판)을 꺼내어 정확히 계산하여 보았다. 좌향을 편차수정하고 천반봉침 측정 계산까지 착작하여 봉분 중앙을 잡아서 방위를 측정하자, 사진과 같은 광경이 드러났다.

　낙동강 황천살 방위를 막으려고, 비석을 저렇게 돌려놓았던 것이다. 저편 산기슭 아래로 흘러들어오는 낙동강 황천살을 막고 있는 것은 비석뿐만이 아닌 소나무도 일조하고 있었다.

　문제는 이럴 때 발생한다. 지금은 소나무가 어느 정도 막고 있으나 소나무가 없거나 아직 덜 자랐을 때는 황천살을 끌고 들어오는 낙동강은 훤히 트인다. 그럴 경우 퇴계 묘소는 황천살을 그대로 맞게 된다.

　오늘날 벌초할 때 전기톱으로 선산 주변의 나무를 무턱대고 베어버리는 경우가 있다. 혹시 황천살을 막고 있는 나무를 용감하게 베어버린 것은 아닌지. 퇴계묘소에서 떠올랐던 생각이다.

　퇴계 묘소 앞을 흘러가는 낙동강을 따라 내려가면 도산서원이 있다. 도산서원 물줄기가 더 내려가다 퇴계문하 서원 하나를 만들어 놓았다. 병산서원이다.

비석머리와 방향이 일치한 소나무 사이로 보이는 낙동강. 이럴 경우 황천살을 맞게 된다. 그래서 비석을 옆으로 세운 것이다. 왕릉 병풍석이 살을 막아주는 방패역할을 하듯 말이다.

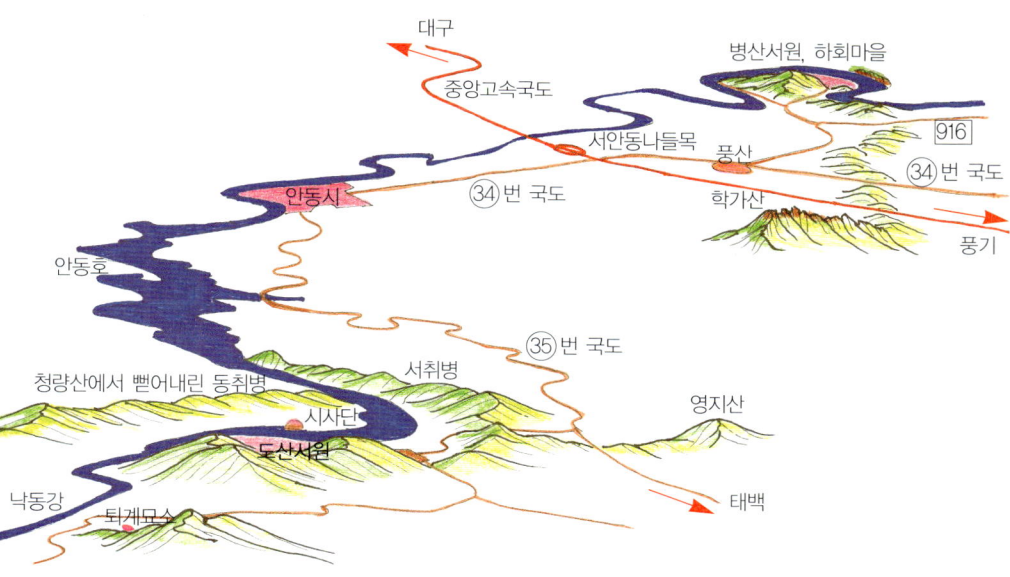

도산서원 임수인 낙동강은 백여리허 아래에다가 명당마을을 만들어 놓았다. 그러자 그곳 명당마을 사람들은 명당 서원 하나를 창건했다. 하회마을과 병산서원이다.

제3장
병산서원

병산서원 가는 길 : 현지교통 - 안동에서 46번 시내버스이용
　　　　　　　　　자가용 운전 - 서안동IC ~ 34번 국도 ~ 916번 지방도로 4.9km ~ 병산서원
　　　　　　　　　/ 병산서원 관리사무소 TEL : (054) 853-2172

하회풍수

도산서원 임수인 낙동강은 백여 리를 흐르다 명당마을 하나를 만들어 놓았다. 물줄기가 둥글게 돌면서 감싸는 마을이기에 물돌이 마을이라 했다. 물돌이 마을을 문자로 표기한 것이 하회(河回)마을이다.

예로부터 널리 전해오는 남도 3대 명당마을이 있다. 경주 양동마을과 구례 운조루 그리고 나머지 하나가 이곳 하회마을이다. 양동마을과 운조루는 산줄기 기운이 출중한 터에 자릴 잡고 있다. 반면 이곳 하회는 물줄기 기운이 빼어난 풍수마을이다. 예사롭지 않은 물줄기 기세를 받는 하회마을이기에 삼정승이 탄생할 것이라는 소문이 고려 때부터 자자했다.

그러나 조선 초기까지 하회는 굶주림이나 겨우 면하는 무지렁이 마을이었다. 고려 말 하급관리를 지내던 유종혜는 이곳이 연화부수형(蓮花浮水形:물 위에 떠 있는 연꽃모양)임을 파악하고서 그에 걸 맞는 집을 지었다.

오늘날 보물 제306호로 지정된 양진당(養眞堂)이다. 양진당이 풍수건축물이라는 것은 마당에 서서 대문지붕을 바라보아도 알 수 있다. 지붕 위로 솟아오른 봉우리는 삼정승을 상징하는 풍수 홀봉(笏峯 조선시대 조정대신들이 조회 때 잡고 있던 판대기를 닮은 봉우리)이다. 삼정승 풍수 신분증이 양진당 대문에 걸린 것이다.

혹자는 양진당을 남향으로 짓다보니 우연히 맞춰진 봉우리라고도 한다. 그러나 서향하고 있는 운조루 지붕 위를 물결치듯 흐르는 산봉우리를 목격하면 마음이 달라질 것이다. 여기에 양동마을 서백당 마당으로 쑥 들어오는 성주봉까지 보게 된다면, 그것은 우연이 아닌 3대 길지 명당 집의 풍수설계였음을 알게 된다.

집 주변에 복스러운 산봉우리가 있다고 하자. 이럴 때 우리 선조들은 산봉우리에 걸린 복이 대문을 통해 들어오도록 봉우리를 향해 대문을 달았다. 대문은

낙동강이 감싸는 하회마을. 사진 중앙에서 봉긋 솟은 봉우리가 홀봉이다.

위사진 / 운조루 대문 위에 걸린 물결치는 수형산(水形山)들. 이것들은 배산에 비해 임수가 약한 운조루에 임수기세를 북돋아 준다.

오른쪽사진 / 양진당 대문위에 걸린 홀봉.

외부기운이 들어오는 통로다. 그런 까닭에 한옥 대문짝은 외부로 열어젖히는 것이 아니라, 외부에서 내부로 밀치고 들어가는 문을 달았다. 이때 밀려 들어온 복을 담는 그릇이 마당이었다. 그래서 마당에는 정원수를 심지 않았다. 복을 채우는 그릇이기에 항상 마당을 비워 놓았던 것이다.

양진당이라는 풍수그릇이 물돌이 수세까지 쭉쭉 빨아들인다면, 이는 인물배출에 훨씬 유리하다. 물을 잘 빨아들이는 나무는 버드나무다. 인하여 풍산 유씨에서 분파한 양진당 후손들은 그들의 본관성씨를 버들 류씨(柳氏)로 개명했다.

양진당을 대종가로 삼은 버들 류씨들은 하회마을에 뿌리를 내렸다. 그러자 류종혜 6대손에서 서애(西厓) 류성룡(柳成龍 : 1542~1607)이란 걸출한 인물이 태어났다. 류성룡은 젊은 시절 도산서당에서 수학한 퇴계의 제자였다. 이후 그는 퇴계문하 최초로 영의정 자리까지 올랐다.

이러한 하회마을 명당풍수에도 옥의 티는 있었다. 부용대 벼랑이 옥의 티에 해당된다. 드센 타워들이 빼곡히 박혀있는 부용대 벼랑은 풍수 산살(山殺)을 내뿜는다.

이에 대한 풍수대책으로 심어놓은 것은 만송정 소나무 숲이다. 만송정은 부용대의 벼랑과 하회마을 사이에 조성되어있다. 이는 골대(종가집)를 향해 프리킥(산살)을 차는 상대방(부용대)을 막으려고, 스크랩(만송정)을 짜는 축구경기 상황과 똑같은 위치와 각도로 대비될 수 있다.

산살 봉우리일지라도 우리 집에서는 정작 보이지 않을 경우, 풍수영향을 받지 않는다. 이는 풍수 불견(不見)작용에 속한다. 기와는 반대로 양진당 대문에 걸린 감투봉은 보일수록 좋다. 이는 풍수 견(見)에 속한다. 견(見)과 불견(不見), 좋은 것은 보이게 하고, 나쁜 형상은 보이지 않게 하는 풍수대책인 것이다.

류성룡과 버들 류 씨들은 문중서당을 하회마을 동쪽에 만들어 놓았다. 그러자 하회풍수도 덩달아 서당으로 옮겨갔다. 서당은 류성룡을 제향한 서원으로 발전했다. 이것이 병산서원이다.

하회마을을 향해 산살 박힌 부용대가 내려다보고 있다. 마을과 부용대 사이에 있는 소나무숲이 만송정이다.

마을에서 바라본 부용대. 만송정이 부용대를 가로막고 있다.

연화부수형 하회마을을 받쳐주는 배산. 도산처럼 꽃봉우리 형상을 하고 있기에 이를 화산(花山)이라 부른다. 화산 동쪽 너머에는 병산서원이 자리한다.

하회풍수로 빚어 놓은 병산서원

하회마을의 배산은 화산(花山)이다. 병산서원도 화산을 배산으로 삼고 있다.

병산서원 부근에서 보아도 화산은 꽃봉우리 모양을 보여준다.

화산풍수형국은 조선왕조실록에도 나와 있다. 제22대 정조가 사도세자 왕릉을 풍수 택지할 때 밝힌 내용이 화산형국이다. 이곳 화산도 수원 화산과 생김새가 이웃사촌 닮았다.

닮긴 닮았어도 똑같이 생긴 산들이며 자연은 어디에도 존재하지 않는다. 수원 화산은 꽃봉우리들이 무리를 이룬 꽃밭처럼 섰겼다. 하회마을은 화산에서 뻗어 내린 둥근 연잎처럼 생긴 터에 자릴 하고 있다.

반면 병산서원에서 화산을 보면, 같은 연꽃이더라도 하회 마을에서 보았던 화산과는 또 다르다. 가장 다른 점은 낙동강이다. 하회마을처럼 낙동강이 병산서원을 감싸주지 않는다는 광경이 크게 다르다. 그래서 병산서원은 하회마을처럼 물줄기 기운을 받지 못한다.

병산서원이 입지한 터를 살펴보면, 서원 뒤쪽에 붙어있는 산줄기에 눈길이 간다. 하회마을에서는 볼 수 없었던 이곳만의 특징이 눈길을 끈 것이다.

봉긋이 솟아 있는 봉우리는 연꽃 부위 중 씨방에 속한다. 같은 연꽃이더라도 산줄기 기운을 더 받으려는 풍수형국을 연화도수형(蓮花到水形)이라 한다. 벼가 익으면 고개를 숙인다. 연꽃 씨방도 씨앗이 꽉 차면 물 위로 고개를 떨군다.

양산 통도사에 있는 극락암은 연화도수형이다. 씨방 봉우리 중앙에 박힌 씨앗 입지에 극락암이 들어있다. 반면 병산서원은 씨방에서 터져 나온 씨앗들이 떨어진 곳에 자릴 한다. 형국의 차이점은 소위 풍수 발복이라는 시간상의 차이를 가름하기도 한다.

병산서원은 이미 터트린 씨앗 터를 차지하고 있기에 발복 타이밍이 가장 빠르다.

동쪽에서 바라본 화산. 이 역시 꽃봉우리 산을 연상시키는데 …

… 병산서원 주변지역은 둥근 연잎 위에 떠있는 하회마을 풍경과는 사뭇 다르다. 이러한 병산서원 산세를 …

조선왕조실록에 나와있는 수원화산과 비교해보고 …

통도사의 극락암 연화도수형과 비교해보면, 극락암 형국에 더 가깝다.

제3장 병산서원   133

두 번째는 곧 터트릴 씨방에 입지하고 있는 극락암이다. 이렇게 계산할 때 연꽃이 물위에 떠 있는 하회마을의 풍수 발복이 가장 더디다. 가장 더딘 연화부수형 양진당 발복은 6대가 걸렸으나, 가장 빠른 연화도수형 병산서원은 류성룡이라는 영의정을 당대에 발복시켰던 것이다.

하회마을을 방안풍수가 논하면, 산태극수태극이라고 한다. 반풍수 중에는 다리미형국이라고 하는 사람도 있다. 병산서원을 무덤풍수 정도의 속안이 보면, 갈마음수형이라는 착각도 한다. 이런 것들은 형(形)에만 치중하다가 세(勢)를 놓친 경우에 해당된다.

병산서원을 연화도수형에 택지시킨 것은 류성룡이었다. 풍산에 있던 풍악서당을 1572년에 이곳으로 이전시킨 것이다. 버들 류씨들의 글방인 풍악서당은 저잣거리에 있었기에 공부할 환경을 갖추지 못했다. 이것이 서애의 서당 이전 이유였다.

향교와 서원의 택지조건들은 서로 달랐다. 향교는 나라의 정책을 널리 알리려고 세운 관학교육기관이다. 그런 까닭에 사람들의 접근이 편리한 마을 가까운 곳에 택지시켰다.

반면 서원은 선비들을 수양시키려는 인성교육장이다. 그래서 마을을 떠난 한적한 산천을 선호했다. 산천을 택지즈건으로 삼았던 서원이었기에 자연스럽게 풍수가 더욱 적용되었다.

버들 류씨들의 하회마을을 연고지로 삼아 창건된 것이 병산서원이다. 하회마을은 병산서원 서쪽에 자리 한다. 그러므로 유교예제에 따라 노비들이 기거하는 고직사는 연고지 반대편인 동쪽에 있어야 한다.

오늘날 우리가 병산서원을 관람하러갈 때, 동쪽에 있는 고직사부터 보게 되는 것은 그 때문이다.

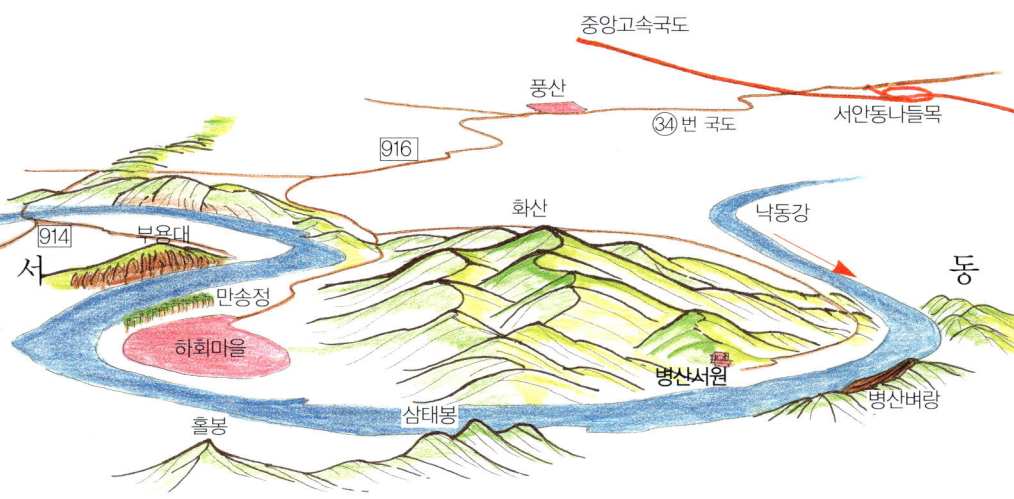

병산서원 주변 설명그림.

연꽃 씨방 봉우리 바로 아래에 택지된 병산서원은 연화도수형이다. 서원 동쪽에 붙어 있는 한옥은 고직사다.

제3장 병산서원

만대루에 걸린 화두는?

　병산서원을 다녀온 사람들에게 물어보면, 언제나 만대루 이야기부터 시작한다. 만대루(晚對樓)는 병산서원 건축물 중에서도 가히 압권이다. 아니 모든 서원누대 중에서도 수위를 차지한다. 단대루 마룻바닥은 백여 명 정도가 족히 앉아서 강의를 들을 수 있는 그런 공간이기에 모든 이들의 시선을 사로잡는다.
　서원에서 공부하는 원생의 수는 30명을 넘지 못했다. 기껏해야 10명에서 20명 정도였다. 활용 인원수를 초과하면서까지 세워진 것이 만대루라는 것이다. 병산서원 출신 동문들이 한자리에 모여 잔치라도 치를 요량에서 세웠던 것이 만대루라고 짚어 볼 수도 있다. 그러나 그것은 설득력이 없다.
　서원에서는 잔치나 풍악 놀이를 금하였기 때문이다. 게다가 서원 건물들은 절약과 절제를 덕목으로 삼고 있다. 동재와 서재를 보더라도 기숙사라기보다는 골방에 가까워 인색하기가 짝이 없다.
　더욱이 서원 건물 중에서 가장 큰 강당 면적보다 훨씬 초과한 것이 만대루다. 이는 어느 서원에서도 볼 수 없었던, 유교예제를 벗어난 건물인 것이다. 이것이 만대루를 볼 때마다 떠올랐던 첫 번째 화두였다.
　화두가 머릿속을 복잡하게 만들더라도 눈에 비친 만대루는 정말 아름답다.
　병산서원을 답사할 때, 산천과 어우러진 만대루를 제대로 감상할 수 있는 장소와 요령이 있다. 대부분의 사람들은 주차장에서 만대루를 보고 난 후, 경내로 진입하여 만대루에 오른다. 그럴 경우 그것은 나무만 보고 숲은 보지 못한 답사가 된다. 만대루 풍광을 제대로 감상하려면, 서원 앞에 펼쳐진 모래사장으로 내려가서 그것도 낙동강과 가장 가까운 지점으로 가야한다. 그곳에서 낙동강을 따라 좌우로 200~300m를 이동하면서 화산과 병산서원을 감상하여야 만대루라는 숲을 볼 수 있다.
　서원 정문에 누대가 걸리기 시작한 것은 남계서원 풍영루(風咏樓)부터다. 이

병산서원의 명물인 만대루. 기둥과 기둥사이로 낙동강물이 흘러간다.

낙동강가에서 200mm 렌즈로 찍은 병산서원의 만대루. 이 지점이 병산서원 풍수를 파악할 수 있는 풍수관산점이다.

제3장 병산서원　　137

후 모든 서원들도 풍영루 양식의 누대를 조성했다. 누(樓)를 정문 위에 세우고 그 아래에다 문(門)을 낸 누문(樓門)양식은 화엄사와 부석사에서도 볼 수 있는 화엄사찰 양식이다. 사찰이건 서원이건 누대 2층은 활짝 열린 공간이다. 열린 공간을 통해 바깥 풍경을 보고서 인격수양을 함양하라고 세웠던 것이 서원 누대들이다.

수양 공부하는 선비들이 받들어야 하는 도학(道學)의 제1인자는 도동서원에 배향된 김굉필이다. 도동서원에 서 있는 누대 명칭은 수월루(水月樓)다. 도동서원의 김굉필과 남계서원의 정여창은 생존 시 동문수학했던 벗이기도 했다. 둘 다 동방5현으로 문묘에 배향된 도학자이기에 남계와 도동은 이웃사촌 서원인 셈이다. 이러한 남계와 도동서원에 걸린 누대 명칭들도 이웃사촌 쯤 된다. 남계서원의 풍영루(風咏樓)와 도동서원의 수월루(水月樓)에서 앞 글자 하나씩을 따오면, 풍수(風水)라는 말이 성립된다. 이런 식으로 적당히 짜깁기 하면 그 속에는 풍월(風月)도 들어있다.

여기에 또 다시 읊조릴 영(咏)자까지 끼어들건, 시속에도 널리 알려져 있는 말이 연상된다.

"당구삼년영풍월(堂拘三年咏風月) 서당 개 3년이면 글을 읽는다." 서원을 3년 정도 답사하면, 당구(堂狗)라 할지라도 이런 것 정도는 알아차린다. 서원 누대를 아무리 거창하게 세웠더라도 외부에서 보면 서원 경내에 있는 강당이나 사당 건물이 보인다는 것쯤은 알게 된다. 그런데 병산서원의 만대루는 서원을 통째로 막고 있다는 것이다.

앞에 있는 정문만 치워버린다면, 만대루는 정문구역은커녕 담벼락이라 할 수도 있다. 그렇다면 만대루는 정문일까, 담일까 하는 것이 지금부터 풀어보려 하는 두 번째 화두다.

도동서원과 수월루. 서원 동쪽에 김굉필의 연고지가 있다. 그런 까닭에 고직사는 서원 서쪽에 배치되었다.

남계서원의 풍영루.

정면에서 본 만대루는 서원 건물들을 완전히 막아버렸다. 답답하게 막아버렸기에 이렇게 정면에서 보면 감옥소를 연상시키기까지 한다.

만대루는 병산서원의 풍수열쇠다

병산서원은 하회마을 사람들이 터를 잡고 설계와 시공까지 한 문화재다. 그러므로 병산서원에 걸린 만대루 화두는 당연히 하회마을 열쇠로 풀어야 한다.

하회마을과 마주하는 낙동강 건너편에는 부용대가 있다. 병산서원과 마주하는 낙동강 건너편에는 병산벼랑이 있다.

살기(殺氣)를 띠고 있는 부용대 바위들은 하회마을에 해로운 작용을 한다. 병산벼랑도 부용대에 못지않은 살기를 띠고 있다.

이러한 병산벼랑의 산살(山殺)은 병산서원에 풍수악재를 가져다 준다. 어느 터 어느 집이든 풍수 악재는 하나씩 끼어 있다. 경렴정 앞에 있는 경자바위는 소수서원의 풍수악재이며, 도산서원 앞으로 길게 뻗어나가는 물줄기도 풍수악재에 속한다.

이런 것들을 막아 주는 풍수처리 방법이 우리 전통풍수 속에는 들어있다. 도선국사를 원조로 한 비보풍수(裨補風水)가 그것이다. 소수서원의 호랑이 악재는 경과 백운동 이라는 글자로 입단속 시켰고, 도산서당 들머리 마당에는 나무를 빼곡히 심어 이를 풍수비보 처리했다.

하회마을 사람들도 부용대를 만송정이라는 소나무 숲을 만들어서 비보 처리했다. 류종혜 때부터 소나무를 심었다고 치면, 6대손에 해당되는 150여 년 후에는 노송들이 숲을 이루었을 것이다 만송정이 부용대 산살을 완벽하게 막았을 시간대에 류성룡이 배출되었다. 이 같은 풍수설명을 못 믿겠다고 하여도 상관없다. 이를 철석같이 신봉했던 당시 하회마을 사람들의 시각이 여기서는 중요한 대목이기 때문이다.

만송정을 조성했던 하회마을 사람들이 병산서원을 만들었다. 그러므로 병산서원 만대루는 하회마을 만송정과 비교할 수 있는 대상물이 된다. 병산벼랑(부용대) → 만대루(만송정) → 병산서원(하회마을)이라는 등식관계에 맞추어 보면

하회마을을 마주보는 풍수악재 부용대 산살바위.

병산서원을 마주보는 풍수악재 병산벼랑의 산살바위.

병산벼랑을 막고있는 만대루. 이 역시 부용대를 막고있는 만송정 불견(不見)풍수 법칙과 똑같다.

만대루를 관찰하면 어느 서원 누대들보다 기둥이 인상적이다.

기둥에 풍수효력을 담은 것이 우리문화재 망주석과 장승들이다. 이때 망주석은 수구막이 그리고 장승은 수살막이라는 풍수역할들이 따라 붙는다.

만대루에 걸린 화두라 할지라도 일시에 풀린다.

결국 만대루도 만송정과 같은 풍수 불견(不見)처리 용도였음이 새롭게 드러난다.

만대루를 떠받치고 서 있는 18개의 기둥들은 하나하나가 만송정 소나무들인 동시에 풍수 수살닥이였던 것이다. 만대루와 같은 풍수비보는 우리국토에서 흔히 보는 풍수광경이기도 하다. 대표적인 예가 마을동구 앞에 서 있는 장승들이다.

마을 사람들은 등구 장승들을 수구막이, 수살막이라고 부른다. 이중 수살(水殺)막이는 수살을 막는다는 뜻이다. 이때 수(水)는 단순한 물줄기가 아닌 마을 입구(水口)를 뜻한다. 그러므로 수살막이는 마을로 들어오는 살기를 마을 입구에서 차단시키는 가을 지킴이라는 것이다. 결국 병산서원 만대루는 서원풍수 지킴이였다.

우리나라 문화재 이곳저곳에는 생각보다 많은 풍수기법이 들어있다. 조선시대 서원풍수기법은 신라시대 사찰풍수과 통하고, 사찰문화재 풍수는 또 궁궐풍수와도 통한다. 궁궐풍수 속에 들어있는 건축술은 사대부 종가에서도 발견된다. 이러한 우리 극토이기에 우리 땅은 전통풍수박물관이라는 생각이 답사 때

모대학교 풍수컨설팅작업 당시 캠퍼스 입구동 옥상에서 발견한 규봉.

캠퍼스입구동 출입구 기둥들이 만대루 기둥처럼 규봉을 막는 수살막이 역할을 하고 있었다.

마다 자연스럽게 떠오른다.

　전통이라는 것은 함부로 대물림 되는 것이 아니다. 사회와 역사가 공인하는 학문이어야 전통이 된다. 한국인에게 배어 있는 전통풍수 정서는 오늘날 건축물 속에도 들어있다. 몇 해 전 용역을 받아 모대학교 캠퍼스 전체를 풍수 분석한 적이 있다. 작업 당시 대학교 건물 앞산을 보니, 산살 바위가 산등성이를 넘보는 풍수 규봉(窺峯)이 발견되었다. 이를 풍수 분석하자, 다음과 같은 풍수비보 건물이 발견되었다. 캠퍼스 입구에 세워놓은 직사각형의 건물은 누하 진입식 정문을 하고 있다. 마치 병산서원 만대루와 똑같이 생긴 그 건물이 풍수 불견 작용을 하고 있었던 것이다.

　전통풍수 건축물인 만대루와 대학교 철근 콘크리트 건물은 한국 전통풍수비보와 오늘날 풍수인테리어와의 만남이기도 하다. 여기에도 선후서열은 분명히 존재하고 있다. 풍수인테리어는 복사본이고, 이보다 400여 년 전에 세워놓은 우리문화재 만대루가 풍수 원본임은 물론이다.

만대루 풍수

 병산서원 정문인 복례문(復禮門)은 극기복례(克己復禮)에서 유래되었다. 자기 자신을 극복하고서 예(禮)로 돌아간다(復)라는 것이 복례문에 대한 설명이다. 이러한 유교시각의 설명은 널리 알려져 있다. 그러나 복례문에 걸린 풍수시각을 설명하여주는 사람이나 문헌적 자료는 오늘날 어디에도 없다.
 병산서원 만대루가 병산벼랑의 살기를 막아주는 풍수건축물이라는 것이 풀리자, 복례문이 모순을 일으키기 시작했다. 병산벼랑 살기를 막고 있는 만대루 앞에 오히려 살기 기운을 받아드리는 더문을 세워 놓았다는 것은 누가 보아도 풍수적인 모순을 일으킨다.
 문제의 복례문을 건축양식으로 따져도 선뜻 납득되지 않는다. 복례문은 가운데 지붕이 양편 지붕들보다 솟아있는 솟을삼문양식이다. 삼문 중 가운데가 솟아 있지 않은 평평한 대문을 평삼문(平三門)이라 한다. 만대루와 똑같은 누대를 세워놓은 서원은 경주에 있는 서악서원이다. 서악서원의 누대 앞을 보면 평삼문이 세워져 있다. 누대 앞에는 평삼문을 세우는 것이 맞다.
 만약 솟을삼문을 세웠을 경우 누대에서 관람하여야하는 외부 경관을 솟을지붕이 가려버린다. 풍수시각으로 보나 건축물 양식으로 보나 복례문은 모순을 일으키고 있다는 것이다. 복례문에 대한 자료를 찾아보았다. 그랬더니 원래 복례문은 지금처럼 서원 정면이 아닌 동쪽 벽 모서리에 있었다는 것이다. 현 위치의 복례문은 1927년에 이전되어 세워진 것이라고 정확히 연도까지 나와 있었다.
 1927년이라면 일제식민시대다. 식민풍수 농간인지, 반풍수의 어리석음인지, 아니면 정문이 서원 옆구리에 붙어있음을 꼬투리 삼아 바득바득 따졌던 벽창호 양반 때문인지 아무튼 이전 이유는 기록되어 있지 않았다.
 복례문이 서원옆구리 동쪽 담에 붙어 있었던 이유를, 자료만 가지고서 이론적으로 논증시키겠다고 한다면, 이처럼 어리석은 것은 없다. 신상자료가 없으면

틀어막고 있는 만대루 앞에 복례문이 있다는 것은 서로 모순을 일으킨다. 하나는 막고 하나는 열고 이 럴적 병산서원은 콩가루 풍수건축물이 되어버린다.

위사진 / 서악서원 누대 앞에 서 있는 정문은 평삼문이다.

오른쪽그림 / 병산서원 조감도로 보는 원래 복례문 위치. 복례문은 연지가 있는 서쪽으로 갈 수도 있었다. 그러나 그쪽으로는 낙동강 물줄기가 빠져 나가기에 문을 내면 재물복이 물처럼 빠져 나간다고 금기시 했다.

제3장 병산서원   145

살아 있는 사람까지 그 존재를 인정할 수 없다는 그런 어리석음과도 같다. 자료는 현장을 기록한 복사본일 뿐이다. 복례문 주변에 널린 산천들은 원본에 속한다. 원본이 복사본보다 더 중요하다는 것은 누구나 알고 있다. 더욱이 백문이 불여일견이라는 말도 있다. 이 같은 시각을 토대로 삼아 조명하는 것이 보이는 만큼 알게 된다는 문화재답사다. 여기에 제대로 배운 전통풍수 기초만 보유하고 있으면, 그때부터는 유력한 문화재발굴가의 안목이 된다.

먼저 만대루에 올라가서 오늘날 복례문과 병산벼랑을 한눈에 담아보자. 병산벼랑의 살기를 막고 있는 만대루 지붕과 기둥들이 보인다. 여기에 문제시 되는 복례문까지 한눈에 들어온다. 병산 벼랑 살기를 받아들이는 복례문은 모순을 일으킨다.

이번에는 만대루를 내려가서 원래의 복례문이 향하고 있었던 바깥 광경을 보자. 병산벼랑과는 완전히 다른 산봉우리가 보인다. 저렇게 봉긋하게 솟아오른 산봉우리는 복스러운 산기운을 가져다준다. 그런 까닭에 원래 복례문은 이곳에 있었다.

이 같은 풍수택지는 3대 길지 중에 하나인 양동마을 서백당(중요민속자료 제23호)배치에서도 발견된다. 서백당 앞산은 일자로 늘어진 사룡(死龍)형상이기에 이는 죽은 기운(死氣)를 가져다주는 풍수악재에 속한다. 악재이기에 만대루처럼 막아버렸던 것이 답답하리만큼 본채 가깝게 붙어있는 서백당 행랑채다. 그러나 동쪽에 있는 성주봉은 이곳 병산서원 동편 봉우리처럼 단정하게 생겼다. 그래서 이를 담으려고 마당을 동쪽에 두었던 것이다.

서백당 앞마당이 옆구리로 간 것이나, 복례문이 옆구리에 있었던 것이나 똑같은 풍수 이유 때문이었다. 보이는 만큼 알 수 있는 풍수답사를 학술적으로 논증시키려면 방법은 한가지뿐이다. 이 고장 문화재에서 발견한 풍수광경을 저 고장 문화재광경으로 입증시키는 방법뿐이다. 우리 땅에는 서로 입증할 수 있는 풍수문화재들이 지천에 널려있기에 가능하다.

현 복례문은 병산벼랑 살기와 마주하게 된다. 그러므로 우리선조들은 복례문을 저렇게 세워놓지 않았다.

복례문이 원래 있었던 앞산은 화산(花山)처럼 탐스러운 봉우리가 마주한다. 그런 까닭에 원래 복례문은 현재의 화장실처럼 세워져 있었다.

서백당 전면을 가로막고 있는 행랑채. 병산서원 만대루, 하회마을 만송정과 같이 풍수불견(不見) 처리한 풍수배치다.

서백당 옆구리에 배치된 마당. 봉긋한 성주봉이 병산서원 동쪽 산봉우리와 양진당 홀봉처럼 생겼다. 이런 배치는 풍수 견(見)처리에 속한다.

제3장 병산서원

만대루와 복례문의 새로운 조명

 복례문을 들어서면 사진과 같은 광경을 만나게 된다.
 누하진입 출입구로는 병산서원 현판이 눈에 들어온다. 현판 너머에는 입교당 글자도 보인다.
 입교당(立敎堂)은 병산서원의 강당명칭이다. 서애의 스승인 퇴계를 배향한 도산서원 강당에는 전교당(典敎堂)이라는 현판이 걸려 있다. 전교(典敎)와 입교(立敎)는 얼핏 보아도 비슷한 명칭이다. 또한 병산서원 사당은 존덕사(尊德祠)며, 도산서원 사당은 상덕사(尙德祠)다. 이것들도 비슷하다. 병산서원은 퇴계문하 서원이며, 문하서원끼리는 발가락이라도 닮았기 때문이다.
 통하는 것은 또 있다. 도산과 병산의 강당과 사당은 배치까지 똑같다. 그러나 똑같은 배치 속에도 다른 것이 들어있다.
 먼저 만대루 앞에서는 이런 상상이 필요하다. 동편에 있는 화장실을 지우고 그곳에 복례문을 옮겨다 놓는다. 그럴 경우 옛 복례문과 마주하는 지점에는 연못이 있다. 현재의 복례문은 연못과 마주하지 않는다. 병산서원의 연못은 남계서원의 연못과도 통하고, 통도사 극락암 연못과도 통한다. 남계서원의 풍수형국은 연화부수형, 극락암은 연화도수형, 그리고 이곳 병산서원도 연화도수형이다. 연화(蓮花)라는 연꽃 형국에는 당연히 물이 있어야 한다. 연꽃과 물의 관계는 인연마저 깊었기에 어떤 못이더라도 이를 싸잡아 연못(蓮-못)이라고 불렀던 것이 한국인의 정서였다.
 이러한 연지와 병산벼랑은 아무리 생각하여도 어울리지가 않는다. 만약 병산벼랑과 연지가 풍수인연을 맺는다면, 이는 살기(殺氣) 발복하라는 풍수악담마저 되어버리기 때문이다.
 옛 복례문 방향에 서 있는 산봉우리를 쳐다보자. 탐스러운 산봉우리는 서원 화산 봉우리와도 닮았다. 닮았기에 서원 동쪽 산봉우리도 연꽃 봉우리로 쳤던

만대루 현판이 강당 현판들도 가로 막고 있다.

만대루 앞녘 서쪽에 조성된 연지(蓮池).

남계서원의 연지. 이곳 풍수형국이 연화부수형이기에 조성했다. 연지 옆에 있는 서재건물 앞쪽은 애련헌(愛蓮軒)이다.

것이다. 연꽃 산봉우리를 향해 동향한 옛 복례문은 연지와 함께 풍수 대문 역할을 담당하게 된다.

　대문은 집안으로 복을 끌고 들어오는 입구이기에 입춘대길이라는 입춘방도 대문에다 내걸었던 것이 우리 한옥이었다. 병산서원의 풍수복문인 복례문이 남쪽으로 옮겨지자, 이제는 이곳 연지와는 불통(不通)하게 되었다.

　복례문을 남쪽으로 옮겨놓은 이유 중 가장 유력한 것은 서원배치 때문이었다. 군주남면과 함께 대부분의 정문들은 서원 정면에 있다. 그와 같은 이유에서 옮겨진 복례문은 유교시각 때문에 옮겨진 것이 된다.

　그러나 그것은 우리 문화재에 담긴 원리를 무시한 행위에 속한다. 복례문처럼 동향하고 있는 창경궁을 유교적인 이유를 들어 남향으로 변경시키려 했던 광해군도 결국에는 풍수이유 때문에 이를 철회했던 역사도 있다. 유교와 풍수가 서로 충돌하였을 경우 풍수시각을 따랐던 것이 조선 왕릉이기도 했다. 병산서원도 풍수 때문에 유교배치 예제를 젖혀두고 동향 문을 내었던 것이다. 이 점이 여느 서원들과는 다른 특징인데, 여기에 다른 서원과는 또 다른 중심점 하나가 병산서원에는 있다. 가령 소수서원의 건축물들은 문성공묘를 중심으로 삼고 있다. 도산서원은 도산서당을 중심에 두고 건축물들이 배치되어 있다. 병산서원에 있어서 건축물들의 중심점은 강당도 사당도 아닌 만대루다. 그러므로 만대루 풍수를 모르면, 병산서원 배치도 풀리지 않는다는 말이기도 하다.

연화도수형인 극락암 연지. 극락암 뒤로는 살기를 발산하는 산들이 보인다. …

… 그러나 극락암 법당으로 접근할수록 살기를 띤 봉우리들은 차츰차츰 대나무와 소나무 숲에 가리게 된다.

만대루의 불견처리는 강당마당의 풍수기운을 보호케한다. 이것이 풍수시각이다. 마당에 심어논 나무는 매화나무다. 도산서원 퇴계 매화에 깃든 선비지조를 이어 받겠다고 심어 놓은 나무다. 이것은 유교시각이다.

만대루가 배치한 동재

 만대루를 오르는 계단은 재미있게 생겼다. 다듬어진 통나무계단이 자연스럽게 걸쳐져 있다. 자연 친화적인 계단이라는 생각까지 들게 한다. 우리 문화재를 답사하다보면, 저런 계단을 간혹 보게 된다. 그 중 태안사 공양 방 2층으로 올라가는 통나무계단은 절묘하다 못해 현기증까지 느껴진다.
 그리고 보니 만대루 1층 기둥들 중에는 자연그대로 생긴 기둥들도 있다. 이를 두고 자연시각이 담겨있는 기둥이라고 평한 사람도 있다. 2층 기둥들을 살펴보면 한결같은 곧은 직선기둥만 보인다. 만대루는 자연이라는 곡선과, 유교의 직방(直方)을 표현하고 있는 건축물인 것이다.
 만대루에서 동재를 자세히 살펴보면, 이상한 현상이 발견된다. 만대루 지붕선과 동재지붕선 그리고 강당 지붕 선들을 하나씩 관찰해 보면, 동재배치가 뒤틀려 있는 것을 발견할 수 있다. 병산서원 배치도를 살펴보아도 동재의 뒤틀림은 더 확실히 드러난다. 만대루에서 보았을 때는 강당마당 폭이 좁고, 강당 쪽에서 보았을 때는 강당마당 폭이 넓은 그런 배치로 놓여 있는 것이 이곳 동재다.
 이러한 배치를 두고 누군가는 사당 쪽으로 유도하기 위한 동선이라고 설명하기도 한다. 그러나 그것은 우리 문화재에 대한 시각과 유교예제를 잘 모르는 자의 착각일 뿐이다. 병산서원은 도산서원의 강당과 사당 명칭까지 대물림 하였던 퇴계문하서원에 속한다. 스승서원에도 없는 사당 편의주의 배치를 제자서원이 어찌 차릴 수가 있었겠는가. 이는 스승의 그림자를 밟는 행위에 해당된다. 어느 서원들을 살펴보아도 병산서원과 같이 사당 동선설로 배치된 서원은 발견되지 않는다. 오로지 병산서원 이곳뿐이다. 이곳 동재가 뒤틀리게 배치된 이유는 어느 문헌에도 없다. 이런 현상도 문헌의 기록보다 원본인 현장을 보고서 보이는 만큼 알아내는 방법으로 풀어 낼 수 있다.
 강당 우측 모서리에서 보면 뒤틀린 동재와 만대루 그리고 병산벼랑이 한눈에

오른쪽사진 / 만대루 계단과 1층 기둥들은 자연을 담고 있으며 2층기둥들은 유교 직방(直方)을 상징한다고 알려져 있다.

가운데사진 / 만대루에서 본 병산서원 강당공간. 이곳에서 서재지붕을 살펴보고 다시 동재지붕을 번갈아 쳐다보면 특이한 광경이 잡힌다.

오른쪽사진 / 만대루 처마살과 동재 지붕선은 엇비슷한 선들을 이루고 있다. 문제는 동재건물배치에서 불거져 나온 것이다.

제3장 병산서원　　153

보인다. 이곳에 서면 눈치 빠른 사람들은, 아! 하면서 금방 알아 버린다. 그래서 풍수관산점만 잘 잡으면, 풍수는 보자마자 절반은 알고 들어간다는 속언마저 생긴 것이다.

 이 같은 광경에 풍수사족을 달면 이렇게 설명된다. 병산벼랑의 살기를 막고 있는 것은 만대루다. 병산 벼랑은 만대루 좌측에 있다. 만대루 좌측에 있는 것도 동재다. 이럴 경우 동재도 만대루과 합세하여 병산벼랑 살기를 막아 주어야 효과가 있다. 그래서 만대루 쪽으로 붙은 동재건물을 안쪽으로 오그려 배치시킨 것이다.

 그런 이유 때문에 동재는 현재와 같이 뒤틀리게 배치되었다. 만대루와 동재는 똑같이 산살막이 역할을 하고 있는 건축물들이다. 그렇게 듣고 보니 이해는 되나, 이곳 동재와 같이 약간 틀어 배치시킨 다른 서원건물이 없으니, 이는 논증될 수 없는 풍수이야기 일뿐이라고 생각할 수도 있다.

 그러나 이를 논증할 문화재풍수현장은 존재한다. 그것은 사찰이다.

 명산대찰에 세워진 쌍탑은 한 치의 어긋남도 없이 직선배치를 하고 있을 거라고 생각한다. 그러나 자세히 보면, 대부분의 쌍탑들은 이곳 동재처럼 뒤틀려져 있다. 그중 하나인 실상사 쌍탑은 천왕봉 기세를 받으려고 그쪽 방향으로 벌려 놓았다. 만약 천왕봉 기세를 막으려했다면, 실상사 쌍탑은 이곳 동재처럼 앞쪽으로 오므라들게 배치시켰을 것이다.

 사찰답사 때, 쌍탑의 뒤틀림 배치들을 살피는 것은 재미있다. 재미삼아 왜 그쪽으로 틀어놓았는지를 산천과 맞추어보면, 그때부터 우리들은 말없는 산천과 우리 문화재와의 대화까지 엿듣게 되는 문화답사자가 된다.

강당우측 모서리에서 본 광경. 동남쪽에 있는 병산벼랑을 가로막고 있는 만대루와 동남쪽을 등지고 돌아서듯 배치된 동재 광경들.

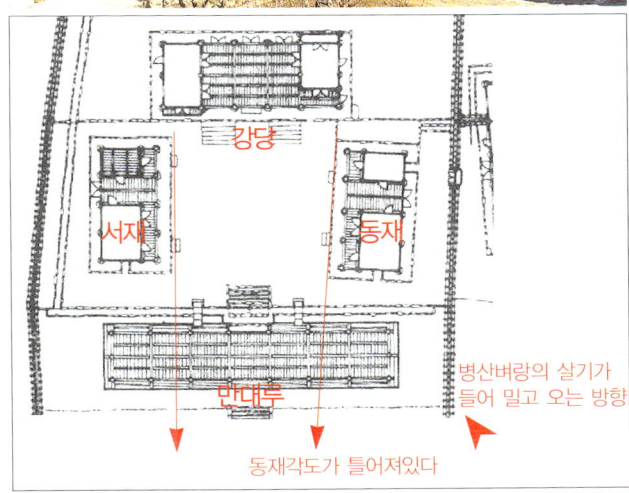

동재부근 평면도. 동재배치가 서재와는 달리 만대루쪽으로 오므려져 있다.

실상사 정문위로 봉우리 두 개가 보인다. 그 중 오른쪽 봉우리가 지리산 천왕봉이다. 나머지 하나는 중봉.

실상사 쌍탑 배치를 자세히 아주 자세히 관찰하면 사진에 나온 쌍탑 갑석들의 이쪽과 저쪽이 일치하는 직선이 아님을 식별하게 된다.

제3장 병산서원 155

강당에 걸린 풍수

만대루와 동저를 감상했던 강당모퉁이에서 눈을 돌리면, 난데없는 문짝 하나가 서협실 벽에 달려있다. 처음 보는 사람은 어설픈 느낌을 받는다. 세워져 있는 문짝은 보았어도 저렇게 누워있는 문짝은 처음 보았기 때문이다. 그러나 저 같은 문짝은 서원에서 자주 보게 된다. 자주 보았어도 난데없이 저런 지점에 걸린 문짝은 이곳에서 처음 보았다.

이곳 강당 서협실 벽에 걸려 있는 문짝용도가 궁금했다. 가령 건축용도상 필요한 창문이었다면, 건너편에 있는 동협실에도 저 같은 창문이 있어야 한다. 그러나 동협실에는 저런 창문이 없다.

문제의 창문을 밝히려 할 때, 생각만 가지고서는 안 된다. 저런 문짝내용까지 기록한 자료는 없기 때문이다. 이럴 경우 이것도 보이는 만큼 알게 된다는 접근방식이 필요하다. 서협실 내부로 들어가서 창문을 열고 창밖을 보자, 낯 익은 산봉우리 2개가 보였다. 이곳에서 볼 때는 2개의 산봉우리이지만, 하회마을 입구나 양진당에서 보면 3개의 봉우리인 삼태봉이다.

결국 병산서원 서협실 창문은 삼정승 감투를 보기위해 만들어 놓은 것이다. 좋은 산봉우리가 우리 집에서 보이면, 좋은 기운을 받는다는 것은 풍수 견(見)법칙에 속한다. 대종가(양진당)와 종가 공부방(병산서원)에 똑같은 견법칙을 걸어 놓으면, 이는 감투봉 기운을 끊임없이 받게 된다. 집은 자연을 담고 있는 그릇이다. 자연을 가장 잘 담는 그릇일수록 좋은 집에 속한다. 이곳 서협실 창문도 그와 같은 기운을 곱빼기로 담으려고 만들어 놓은 것이다.

우리 선조들은 자연의 기운 중에서도 가장 강력한 기운은 지기(地氣)라고 생각했다. 강당이 지기를 담는 그릇이라는 것은 다음과 같은 관찰로도 알 수 있다. 병산서원의 강당과 사당은 도산서원 강당과 사당처럼 엇비슷하게 배치되어 있다. 각도로 치면 이들은 모두 20도 가량 엇비슷하게 배치되어 있다는 것이다.

입교당 서협실 벽에 걸린 문짝. 멀쩡한 문짝하나가 옆으로 누워있는 모습이다.

소수서원 일신재에서도 저런 문짝은 볼 수 있다. 서원답사때 자주보다 보면 저런 문짝도 정상처럼 보인다.

서협실 내부에서 문제의 창문을 열면 하회마을 양진당 풍수에 걸린 삼태봉이 보인다.

사당과 강당이 그와 같이 배치된 이유를 알고 싶으면, 강당 뒷면을 관찰하여야한다. 사당 문과 강당 뒷면이 함께 잡힌 병산서원 사진을 보자. 그리고는 소수서원 장면을 회상하여 본다. 사당 중심서원인 소수서원의 풍수 혈자리는 문성공묘라는 사당이 차지하고 있다. 병산서원은 강당중심서원이기에 혈 자리를 차지하고 있는 것은 강당이다. 혈 자리 뒤에 있는 것이 잉(孕)이라는 풍수법칙과 현상은 소수서원에서 목격했다.

병산서원 강당 뒤쪽의 봉긋한 둔덕위에 있는 사당자리가 바로 잉이다. 잉과 혈 사이에는 이를 연결하는 지맥선(地脈線:이를 내룡 입수라고 풍수에서는 말한다)이 있다. 이러한 지맥선은 소수서원 사당과 잉 사이에서도 발견되었다. 병산서원도 마찬가지다. 사당계단과 붙어 있는 서쪽 둔덕과 강당 뒷벽 중간을 기준삼아 눈짐작으로 직선을 그어보면, 그렇게 그어진 선이 바로 지맥선이다. 이를 염두에 두고 둔덕에 서 있는 백일홍 나무에서 강당 뒷벽까지 살펴보면, 지표면은 알듯 모를 듯 높게 형성되어 있다.

병산서원 지맥선 관찰에 대한 답사 에피소드가 하나 있다.

어느 여름날, 현장지도교수로서 건축사와 건축학도들로 구성된 일행을 데리고 여기를 답사 관찰한 적이 있었다. 병산서원 강당 지맥선을 육안으로 관찰하라고 하자, 젊은 학생들은 도대체 뭐가 뭔지 모르겠다고 했다. 그런데 건축사 중 몇 명이 정확한 지맥선을 족집게처럼 꼬집어 냈다. 그래서 그들에게 그 이유를 설명해 보라고 건축학도인 학생들 앞에다 세웠더니,

"마, 니들도 졸업하고서 사업한답시고 골프 쳐 봐라! 퍼팅 할 때 그린 살피 제, 쪼그려 앉아서 땅 기울기를 살펴서 공 흘려보내야 제, 그러다보면 이런 지맥선 경사도 보기는 식은 죽 먹기다. 안 그렇나 김소장! 그리고 니들도 알겠나!"

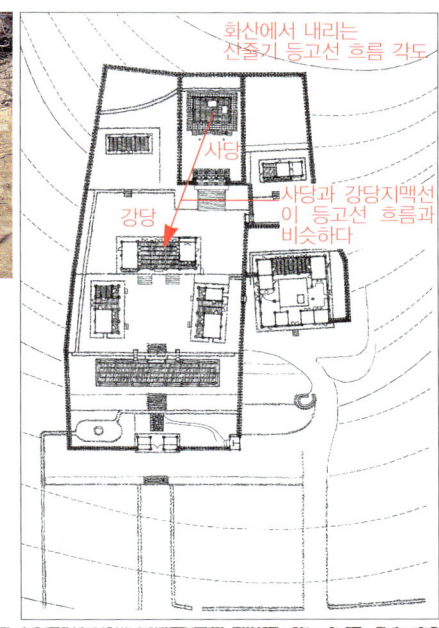

위사진 / 병산서원 사당과 강당. 이곳 사당은 잉(孕)자리에 배치되었고, 강당은 혈자리를 차지하고 있다. 잉과 혈 사이에는 지맥선이 존재하게 된다.

오른쪽그림 / 병산서원 배치도 서원주변 등고선을 관찰하면 등고선은 20°가량 사선으로 흘러간다. 이는 잉(사당)과 혈(강당)이 저렇게 배치된 이유이며, 지맥선 흐름이기도 하다. 그래서 강당과 사당도 20°가량 사선배치를 하고 있다. 도산서원도 마찬가지다.

강당으로 들어오는 지맥선 사진. 이런 것은 사진으로 표현할 수 없다. 때문에 현장에서 직접 살피는 경험을 필요로 하게 된다.

병산서원의 배치

　병산서원은 퇴계문하 서원이다. 그러므로 퇴계를 배향한 도산서원처럼 강당 중심서원 양식을 따랐다. 병산서원의 강당과 사당 그리고 동,서재 배치가 도산서원 배치와 같은 것은 그 때문이다.

　이러한 병산서원도 도산서원과는 다른 점이 있다. 복례문의 원래위치, 거창한 만대루, 동재의 뒤틀림 그리고 서협실 창문들은 도산서원에서 볼 수 없는 것들이다. 그것은 도산과 병산서원의 산세와 풍수가 달랐기에 나타난 서원 배치며 특성인 것이다.

　다른 것은 또 있다. 병산서원의 장판각은 사당 서쪽에 자리한다. 이점 사당 동쪽에 있는 도산서원 장판각 위치와도 다르다.

　이는 유교예제 때문이다. 병산서원 서쪽에는 류성룡의 고향인 하회마을이 있다. 연고지가 서쪽에 있기에 사당 서편에 장판각을 배치시킨 것이다. 선비들의 공간인 장판각이 서쪽에 있으면 노비들의 공간인 전사청은 사당 동편에 있어야 한다. 그런 까닭에 도산서원 전사청과는 다르게 이곳 전사청은 동쪽에 자리하게 되었다.

　그런 까닭에 병산서원 동쪽은 서쪽보다 낮은 자리에 해당 된다. 낮은 자리이기에 샛문을 통해 병산서원으로 들어갈 때, 우리가 맨 처음으로 보게 되는 것은 흙으로 아담하게 빚어 놓은 노천화장실이다. 화장실 뒤편에는 노비들의 숙소인 고직사가 있고, 고직사 뒤쪽에는 전사청이 있다. 아랫목과 윗목으로 치면 동편은 말석인 윗목에 해당되기에 이런 것들은 모두 이곳에다 배치시킨 것이다.

　서원은 예제 건축물이기에 유교 예제가 들어있고, 또한 역(易)을 담고 있는 공간이라고 식자들은 말한다. 그런데 역으로 서원건축물을 조명하려고 하면, 그 때부터 무진장 헷갈려 버린다. 잘 이해되지 않는 역 타령까지 잔뜩 부풀려서 설명한 책들이 비일비재하기 때문이다.

[1] 사진 / 사당 동쪽에다가 입지시킨 전사청.

[2] 사진 / 사당 서쪽에 입지한 장판각.

[3] 사진 / 병산서원 동쪽에 있는 화장실.

병산서원을 살펴 보면 동쪽에 화장실이 보이고 그 뒷녘으로 고직사 건물이 보이고, 고직사 뒤편에는 전사청이 있다.

역이란 원래부터 관념론이기에 생각하면 할수록 골치 아프고, 이렇게 보면 이렇게 보이고, 저렇게 생각하면 저렇게 합리화되기에 현장에서 적용하려면 역이론처럼 공허한 것도 없다.

어찌되었건 그러한 역이 병산서원 사당문 기둥에 새겨져 있다. 동쪽(사진우측)에서 서쪽으로 이동하면서 하나씩 세어보면, 작대기 3개를 한 묶음으로 한 기호(괘)는 모두 8개다. 무슨 뜻을 새겨 놓은 것일까.

설명 편의상 동쪽기둥에서 서쪽기둥으로 가면서 1번 기둥, 2번 기둥, 3번 기둥, 4번 기둥이라고 하자. 그리고 1번 기둥 위에 있는 팔괘를 상(上)이라 하고, 아래에 있는 팔괘기호를 하(下)라고 정해보자. 1번 상, 1번 하, 2번 상, 2번 하에 해당되는 팔괘 4개는 어디서 많이 본 것들이다. 우리나라 태극기에 그려져 있는 팔괘들이다. 태극기에 그려진 팔괘들의 상징을 알아보면, 1번 상은 하늘, 1번 하는 땅, 2번 상은 물, 2번 하는 불을 나타낸다.

이 같은 풀이는 3번 기둥, 4번 기둥풀이까지 그대로 계속된다. 3번 상은 우뢰(천둥), 3번 하는 산을 나타내고, 4번 상은 연못 그리고 4번 하는 바람을 상징하고 있다. 그러므로 이것들은 하늘, 땅, 물, 불, 우뢰, 산, 연못, 바람을 가리킨다. 이러한 8개 형상이 4개의 기둥에 그려진 그대로 묶어서 해석해 보면, 선후천팔괘 중 선천팔괘(先天八卦)를 그려놓은 기둥이라는 것을 알 수 있다.

그 중 1번, 2번 기둥은 동서남북이라는 안정적인 공간을 상징하고, 3번, 4번 기둥은 상하질서를 상징하고 있다. 이를 이곳 병산서원에다가 대입시키면 이런 내용이 읽힌다.

하늘이 정해놓은 명분에 따라 천지간의 모든 것은 제자리에 있어야 한다는 뜻이다. 이런 것은 그에 합당한 자리에 걸맞은 신분이 차지하고 있을 때, 세상은 평안해진다는 명분론적 유교예제에 속한다. 서원에 역이 들어 있다는 것은 이런 것을 두고 하는 말이다.

사당(존덕사) 문기둥에 그려놓는 팔괘기호들.

병산서원 사당문에 걸린 팔괘그림은 선후 팔괘도 중에서도 선천팔괘도 형상과 가장 가깝다.
선천팔괘도를 병산서원 기둥에 걸린 팔괘들과 하나씩 맞추어 보면 여러가지 해석이 튀어나온다.
그 중 하나다.
필자의 생각에서 볼때, 병산서원 기둥에 걸린 바람과 산이라는 팔괘가 복원때 잘못 바뀐 것 같다.
이것들을 제자리에다가 배속시키면, 선천팔괘도와 완전히 일치하고, 또한 4기둥 그림 전부가 가상에서 최고로 치는 연년택(延年宅)이라는 대길상(大吉相)이 되기 때문이다.
그 정도 해석은 당시 사대부들에게는 상식에 속했기에 더욱 그렇다.

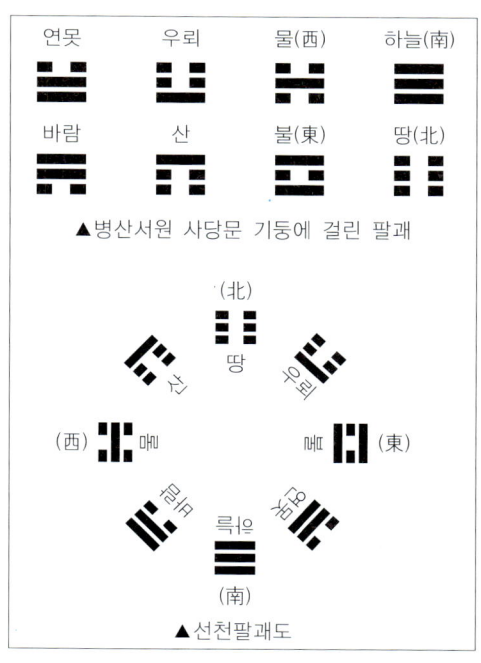

▲병산서원 사당문 기둥에 걸린 팔괘

▲선천팔괘도

제3장 병산서원   163

영남학파와 서원

영남학파의 산실이었던 도산서원에는 매화원(梅花園)이 있다. 매란국죽(梅蘭菊竹)이라는 사군자(四君子) 중에서도 퇴계는 매화를 좋아했다. 그래서 직접 조성한 화단이 매화원이다. 매화원에는 퇴계 정신이 들어있다. 매화는 이른 봄에 엄동설한을 뚫고서 가장 먼저 화사한 꽃망울을 터뜨린다. 강인한 생명력을 지닌 매화이기에 이는 선비의 절개를 상징한다.

한국인의 풍수정서 속에는 2개의 매화형국이 있다. 매화가 땅에 떨어지면, 그 향기는 널리 퍼진다. 이른 봄 낙화의 애석함이 깃든 매화 향은 선구자 기상을 상징했다. 이를 매화낙지형(梅花落地形)이라 했다.

또 하나는 매화만개형(梅花滿開形)이다. 매화는 수많은 꽃망울을 터뜨리며 일시에 피어난다. 이러한 광경을 두고 민가에서는 매화처럼 생긴 터는 다산과 풍요를 상징하는 발복지라고 여겼던 것이다.

매화낙지와 매화만개, 정확히 말하자면, 퇴계 생존 시 시대상황은 그 중간에 속했다. 먼저 매화낙지에 해당되는 퇴계 이전의 역사 이야기다. 영남학파의 뿌리는 고려 말 포은 정몽주 선생이다. 안향에 의해 수입된 주자학이 고려 말에 이르자 2개의 사상으로 대립되었다. 명분론과 함께 절개를 지키려는 정몽주와, 역성혁명론을 주장했던 정도전이 맞서고 있었다. 정몽주는 철퇴를 맞았고, 정도전은 조선왕조개국과 함께 유교왕조 통치 학문을 정립시켰다.

이러한 통치 학문을 보급시키려고 세웠던 관학(官學)이 향교였으며, 향교교육은 조선왕조를 반석위에 올려놓았다. 세종대왕의 문화업적과 집현전 학사조직은 향교교육의 결실인 성과물들이다. 그런데 세조찬탈이 일어나자 향교교육은 명분을 잃었고, 과거예상문제만 달달 외워서 합격된 무식한 관리들이 권력을 장악하게 되었다. 무지 용감한 이들은 철밥통만 챙기는 탐관오리가 되었고, 기득권세력을 형성시켜나가자 세상은 더욱 어지러워만 갔다.

퇴계가 직접 조성한 도산서원의 매화원. 퇴계 정신이 들어있다.

위사진 / 퇴계문하서원인 병산서원과 매화나무. 퇴계정신 대물림을 상징한다.

오른쪽사진 / 정몽주 선생을 배향한 용인땅 충렬서원. 선생의 사상은 150년 후 서원을 창건케 한다.

제3장 병산서원

이를 보다 못한 성종은 파격적인 인재를 등용했다. 입시, 취직공부로 전락한 학원식 관학교육을 전혀 받지 않았던 밀양선비 김종직을 앞세웠던 것이다. 김종직을 앞세운 성종의 사회개혁은 성과를 이룩했다. 경국대전이 집대성되었고, 김굉필, 정여창, 김일손 같은 도학자(道學者)들까지 배출시켰다.

그러나 연산군 때, 기득보수층들의 반격으로 김종직 등 문인들은 사화(士禍)에 연루되어 죽임을 당했다. 사화와 폭정으로 세상이 도탄에 빠지자 혁명이 일어났다. 중종반정이다. 중종은 사회개혁을 위해 조광조를 요직에 앉혔다. 조광조의 스승이 김굉필이다. 그러므로 조광조도 정몽주를 뿌리로 하는 사학파(私學派)에 속했다. 조광조의 개혁이 시작되면서 부정축재의 고리들이 하나씩 끊어져 나가자, 이에 위기를 느낀 기득권을 가진 보수 세력들은 교활하게 조광조를 탄핵시켰다. 후일 회재 이언적마저 그들에 의해 유배지에서 죽음을 맞게 된다.

선비정신을 절개로 삼는 사림(士林)들이 기득권 세력에 의해 참화를 당했던 악순환시대에 퇴계가 탄생했던 것이다. 그러므로 퇴계 이전시대는 군자의 죽음을 애석케 한다는 매화낙지 정서에 비유될 수 있다.

이는 퇴계가 관직을 마다하고 사학인 도산서당을 세웠던 이유이기도 했다. 도산서당 터는 화심형(花心形)이다. 여기에 퇴계의 매화가 접목되자 화심(花心)은 매화가 되었다. 인성교육이 단절된 시대에 퇴계는 과거공부보다 성리학을 열심히 가르쳤다.

매화원 향기가 퍼지자 도산서당에서는 영의정에 등극한 류성룡을 필두로 27명에 이르는 정승판서가 탄생했다. 그때부터 이곳 도산서원은 매화만개형(梅花滿開形)이 되었으며, 매화 중의 하나가 병산서원이기도 했다. 이는 병산서원 강당 앞마당에 매화나무를 심어 놓은 이유이기도 하다.

사학 사림들을 배출했던 것이 서원이었으나, 임진왜란이후 서원은 변질되기 시작했다. 원인은 임금이 한양도성을 버렸던 것에서 시작되었다. 그로 인해 정치에 대한 불신풍조가 만연되었다. 그러자 문중의 제사를 중심으로 한 사당중

영남학파의 첫시작은 김종직부터 시작되었다. 김종직을 배향한 예림서원.

매화나무 무성한 도산서당 서쪽. 퇴계의 매화는 도학자들의 피를 먹고 자란 나무였다고 할 수 있다. 세상이 어지럽자 서원의 필요성이 대두되었다.

도산서원의 농운정사에 걸린 시습재. 시간만 나면 공부하라는 퇴계의 목소리를 담고 있다. 퇴계의 목소리로 인해 서원은 인성공부하는 교육장이 되었다.

제3장 병산서원

심서원이 출현하였고, 사당중심서원은 공부보다 서원전(書院田)을 챙기는 쪽으로 변질되었다. "염불보다는 잿밥에 눈독 들인다"라는 속담은 그와 같은 풍조를 빗댄 것이다. 이는 나랏돈은 눈먼 돈이라고 여기는 오늘날 작태로 이어졌고, 한국병인 혈연, 학연주의라는 온상이 되었던 것도 서원들이었다.

조선후기 사당중심서원들이 사회악으로 작용하자, 이를 타파하려 했던 것이 대원군의 서원철폐령이었다. 신미년(辛未年)인 1872년에 47개의 서원들만 남겨두고 모든 서원들은 철폐시켜 버렸다. 이때 철폐되지 않은 47개 서원들을 일러 신미존치(辛未存置)서원이라 한다.

퇴계는 자신이 알고 나서 남에게 이를 행하라는 인성교육을 가르쳤다. 이것이 식민시대 때는 "아는 것이 힘이다, 배우고 나서 독립운동하자"라는 식민교육정책으로 교묘히 악용되기도 했다. 식민교육을 받으면 친일파가 되는데, 그런 친일파가 독립운동을 하겠다는 그 자체가 모순인 것이다.

이 같은 양반들 때문에 서원은 폐단만 낳았던 것도 사실이다. 그러나 영남학파에는 퇴계학파만 있었던 것은 아니다.

남명학파도 있었다. 소백산 지령을 받는 서원에서 배출된 퇴계문하를 소백산문하라 한다. 이에 반해 지리산기상을 받았던 남명문하를 지리산문하라 했다. 두 학파는 물줄기로써도 가름되었다.

낙동강 좌측에 있는 퇴계문하를 좌강(左江)학파라 했고, 낙동강 우측에 자리한 남명문하를 우강(右江)학파라고 했던 것이다. 남명학파는 퇴계학파보다 적극적인 행동을 요구했다. 알고 난 후 행하라는 소극적인 행동을 용납하지 않았고, 나약한 문인 기질을 질타했다. "오늘 알고 있는 만큼 오늘 행동하라"라는 것이 남명문하의 기풍이었다. 이것은 오늘날 시대상황에서 볼 때, 우리가 다시 새겨들어야 할 대한민국의 화두도 된다. 이들의 기상은 지리산지령을 받은 것이었다.

위 왼쪽사진 / 강당마당에 웬 비석 하나가 서 있다. 사당중심서원이기에 벌어진 현상이다.

위 오른쪽사진 / 어느 서원의 사당건물. 경건함은 커녕 무당 푸닥거리 당집처럼 느껴진다. 저보다 더한 서원들도 부지기수다.

오른쪽사진 / 퇴계학파의 터전이었던 안동의 산천들. 산기슭 아래로 하회마을이 보인다.

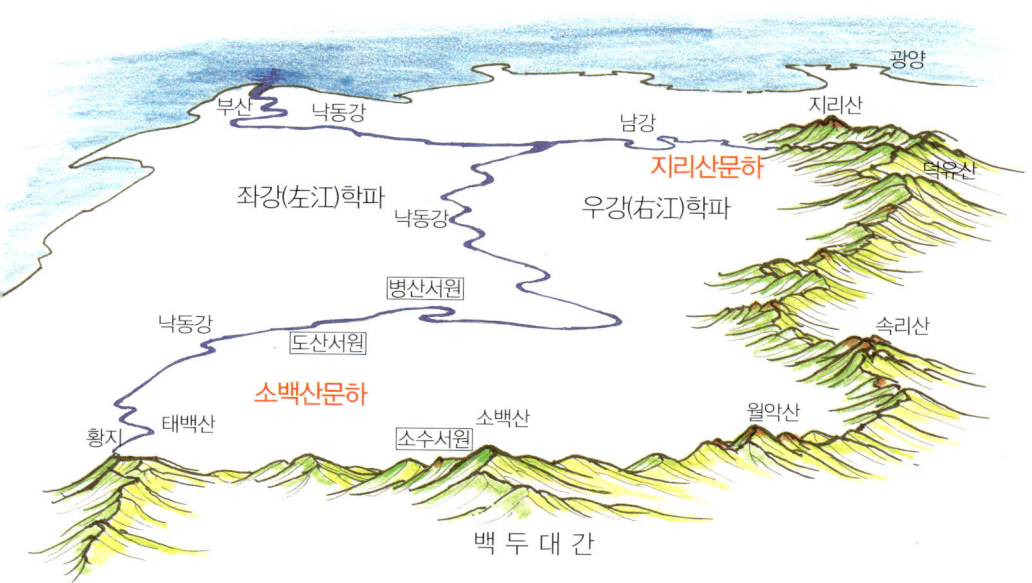

영남학파는 소백산문하와 지리산문하라는 양대산맥을 형성하고 있다. 양대산맥들의 산세가 다르자 기풍도 달랐고 서원분위기도 달랐다.

제3장 병산서원 169

제4장
덕천서원과 지리산문하

덕천서원 가는 길 : 현지교통 - 덕산시외버스 이용
　　　　　　　　　자가용 운전 - 대전 : 통영간 고속도로 단성IC ~ 시천 (20번 국도) ~ 덕천서원
　　　　　　　　　　　　　　　국도3호선 : 신안면 원지 ~ 시천 (20번 국도) ~ 덕천서원
　　　　　　　　　/ 산청군 문화공보 TEL : (055) 970-6403

지리산 – 태산교악

지리산 품안은 한없이 넓다. 이를 두고 태산(泰山)이라 했다.

지리산 천왕봉은 높이 솟구친다. 이를 보고 교악(喬嶽)이라 했다.

조선팔도 인물평에는 태산교악(泰山喬嶽)이라는 말이 있다. 영남인의 기질을 태산교악이라 했던 것이다.

지리산은 태산교악이다.

지리산 정기를 선비기상으로 발원시킨 양대산맥 하나가 지리산 문하다.

풍토는 인물에게 영향을 미친다. 소백산 비로봉은 흙들로 형성된 토산(土山)이다. 토산은 후덕하고 인자스런 기운을 담고 있다. 백두대간 중 소백산과 덕유산이 이에 속한다. 인자한 소백산 지령은 퇴계라는 인걸을 만들었으니, 소백산 문하는 인자하며, 자애로운 자모(慈母)기풍을 갖게 되었다. 이러한 기풍은 소백산 문하 서원에 영향을 주었다. 소수서원, 도산서원 그리고 병산서원들을 들어가면, 아기자기한 건축물들이 어머니 품안처럼 우리를 안겨주는 것은 그 때문이다.

반면 지리산 문하의 기풍은 그와 다르다. 지리산 천왕봉은 높이 솟구치는 바위들로 형성되었다. 백두대간 중 이러한 석산(石山)을 대표할 수 있는 것들은 금강산, 설악산 그리고 지리산 천왕봉이다. 천왕봉 기상은 남명(南冥)이라는 인걸을 낳고 키웠기에 남명문하는 엄한 아버지인 엄부(嚴父)기풍을 갖게 되었다. 그런 까닭에 지리산문하 서원을 들어서면, 곳곳에서 엄한 기풍이 서려있는 공간들을 만나게 된다. 그런 것이 남명문하서원들의 특징이며, 천왕봉 지령이 빚어놓은 지리산 선비들의 공간인 것이다.

남명이 지리산에 입산하게 된 것은 그의 나이 61세 때였다(1561년). 10년에 걸친 지리산 답사 11번째 만에 비로소 명당 터를 잡았던 것이다. 경남 산청군 시천면 사리에 있는 산천재가 그곳이다. 이곳 일대가 천왕봉 정기를 가장 잘 받

위사진 / 정령치에서 본 지리산. 넉넉한 품안 가장 먼 곳의 높은 봉우리가 천왕봉이다.

오른쪽 사진 / 남쪽에서 본 지리산 천왕봉. 남한 땅에서 가장 높으며(1915m), 한국인의 기상은 이곳에서 발원한다는 석비가 세워져 있다.

제4장 덕천서원과 지리산문하

덕천서원 두물머리에 서 있는 남명시조비.

는 명당이라는 것은 덕천서원 앞에 세워져 있는 남명 시비(詩碑)를 보아도 알 수 있다.

「두류산에 양단수가 있다는 말을 듣고서 찾아보니 / 복사꽃 떠내려 오는 맑은 물에는 명당 산이 숨어 있더라. / 사람들이 무릉도원 명당이 어디에 있는가를 묻는다면 / 나는 여기다라고 말하겠노라.」

양편의 물줄기가 만나는 지점을 양단수(兩端水)라 한다. 백두정기가 천왕봉을 거쳐 내려오다가 양단수를 만나자 멈추는 이곳이야말로 무릉도원 명당이라는 것이 남명의 풍수 평가였다. 무릉도원이라는 대 명당에는 조건이 있다.

물길이 빠져나가는 들머리는 외부사람의 눈에 발견되지 않아야 한다는 비밀통로 조건이 붙는다. 제아무리 잘 먹고 잘 살던 마을이더라도 탐관오리들이 찾아와서 수탈해 가면 무슨 소용인가. 이를 두고 남명은 「… 도화 뜬 맑은 물에 산영조차 잠겼어라 …」라고 표현하고 있다. 맑은 물줄기를 타고서 무릉도원 복사

산천재에서 바라본 여름날의 천왕봉. 이곳에서 바라본 지리산 천왕봉이 가장 빼어나다.

꽃이 떠내려 오긴 오는 데, 산 그림자 흔적마저도 감추고 있다는 내용은 완벽한 문단속을 표현한 것이다. 남명은 지리산 천왕봉이 바라다보는 합천군 삼가마을에서 태어났다. 젊은 시절 글공부를 했던 의령의 자굴산에서도 천왕봉은 보인다. 천왕봉은 남명을 남명이게한 스승이기도 했다. 이같은 인연에서 10년간 택지 끝에 이곳을 발견하고서 무릉도원이라 했던 것이다. 무릉도원 입구에는 항상 문단속을 하는 석문(石門)이 있다.

 이곳 산천재 일대가 무릉도원이라면, 산영조차 잠겼다는 들머리 지점도 있어야 한다. 그곳은 20번 국도를 타고서 여기 산천재로 들어오기 전, 한 오리쯤 떨어진 곳에 세워 놓은 입덕문 이라는 석문(石門)이 서 있는 곳이다. 산천재 답사는 그곳을 무릉도원 입구로 삼아서 시작된다.

산천재 찾아가기

대전에서 진주까지 연결된 고속국도를 사람들은 대진고속도로라고 부른다.

대진고속도로(중부고속국도) 남쪽에는 산청군이 있다. 산천재는 산청군에 있다는 선입견 때문에 초행길인 사람들은 곧잘 산청 나들목에서 빠져버린다. 잘 가다 삼천포로 빠져버린 격이다. 산청 나들목에서 20km쯤 더 남쪽에 있는 단성 나들목이 산천재로 가는 길목이기에 이곳에서 빠져야 한다.

단성 나들목을 나와 20번 국도를 타고서 서쪽으로 가려할 때, 우측 편 바로 옆에는 문익점선생의 목화 시배지가 보인다. 그곳에서 조금만 가면, 남강 물줄기 다리 너머에는 성철스님의 생가였던 겁외사가 산기슭 밑으로 살짝 보인다. 이러한 풍경은 작은 언덕을 올라갈 때 경호강과 함께 사라지는데, 언덕을 내려가면 제법 잘 꾸며진 마을 하나를 보게 된다. 고풍스러운 마을은 진주 일대에서 명당마을로 유명한 남사마을이다.

남사에서 십리가량을 더 가면, 내리막길 삼거리에서 툭 터진 강줄기가 보인다. 지리산 기운이 물씬 풍기는 이곳부터가 지리산 문지방이라 할 수 있다. 삼거리에서 우회전하여 20번 국도를 계속 타고 십리가량을 더 가면 입덕문(入德門) 석비가 나온다. 남명이 붉은 글씨로 써 놓은 입덕문은 무릉도원 입구 석문에 해당된다.

지리산 남명문하유적은 산천재에서 시작하여 산천재로 마무리된다.

퇴계문하서원인 도산서원과 병산서원을 답사할 때는 주로 건축물에 눈길을 주게 된다. 그러나 이곳은 그와 다르다.

이곳에서는 건축물보다는 터를 읽어야 하고, 터가 담고 있는 주변산세를 감상하여야 한다. 이런 식의 답사를 두고 무진장 어려운 답사라고 생각할 수도 있다. 그러나 제대로 한번만 경험하면 퇴계문하서원의 건축물 해석보다 훨씬 쉬운 답사라는 것을 알게 된다.

산천재 일대 안내도.

입덕문석비. 오늘날 도로공사 때문에 석비가 이리갔다 저리갔다 한다. 최근에는 흔적조차 없다. 남의 집 대문을 뜯어간 몰지각한 사람보다 더하다. 무릉도원 대문을 뜯어 갔기 때문이다. 빨리 제자리 찾아 세워야한다.

산천재의 봄. 넉넉한 지리산과 같이 한다.

제4장 덕천서원과 지리산문하 177

일단 산천재 정문 앞에 서 보자. 산천재 뒷녘으로 산봉우리 두 개가 보인다. 좌측에 있는 높은 봉우리가 지리산 천왕봉이다. 천왕봉 우측에 있는 봉우리는 중봉이다. 천왕봉과 중봉은 형제처럼 나란히 서 있다. 저런 모습 때문에 지리산 어느 곳에서도 천왕봉은 쉽게 식별된다. 진주 망진산에서도, 산청 송경리 고개에서도, 실상사에서도, 정령치에서도 한 눈에 식별되는 것이 천왕봉이다.

천왕봉은 이곳에서 바라볼 때가 가장 아름답다. 그러므로 천왕봉이 가장 아름답게 보이는 이곳을 찾아 택지하였던 것이 남명의 산천재라는 것도 알게 된다. 아름다운 산봉우리와 마주하는 집은 아름다운 산 기운을 받는다는 것이 우리 선조들의 터 잡이 정서였다.

남명이 이곳 터를 찾는 데에 소요된 시간은 10년이었다. 터 잡기 10년에 집짓기 1년이라는 우리 속담처럼 터 잡기는 집짓기보다 더 중요시 되었다. 이곳에 산천재를 지을 때, 남명은 백수(白手)였다. 오늘날 백수라는 어원이 산천재 주련에 걸려 있다. 읽어보면 이런 내용이다.

춘산저처무방초 (春山底處無芳草) / 지애천왕근제거 (只愛天王近帝居) /
백수귀래하물식 (白手歸來何物食) / 은하십리끽유여 (銀河十里喫有餘)

"봄 산 어느 곳인들 산나물이 없겠느냐마는/ 오직 하늘 닿은 천왕봉이 마음에 들었기에 / 백수(빈손)가 이곳으로 들어왔으니 무엇을 먹고 살까 / 은하수 같은 십리허의 물줄기는 마시고도 남겠다."

백수(白手)신분이었던 남명 조식(南冥 曺植 ; 1501~1572), 그러나 당시 조선 팔도와 역사를 호령하였던 기개 높은 백수였다. 이런 것이 남명의 호연지기 기상이다. 산천재는 천왕봉의 호연지기를 닮는 곳이다.

천왕봉이 굽어보는 산천재. 태산교악 지령을 가져다 준다. 한 십년만 바라보고 살다보면 못해도 큰바위 얼굴정도는 닮는다.

위사진 / 산천재 주련에 뚜렷히 나와있는 백수(白手)라는 글자. 이곳에서 백수의 어원을 크게 깨달았다.

오른쪽사진 / 남명 조식의 초상화. 천상의 학이 내려왔는지 선비의 기품 앞에서는 모나리자 미소도 느끼하기만 하다.

제4장 덕천서원과 지리산문화

천산재가 아닌 산천재

산천재 마루에서 방문을 쳐다보면, 산천재(山天齋)라는 현판이 보인다.

남명이 작명한 문패다. 대다수의 식자들은 산천(山天)을 산천대축괘(山天大畜卦)에서 따온 것이라며 장광설을 늘어놓는다. 처음 삼년은 이말 대로 그 뜻을 찾아 헤매었으나, 결국은 애매모호한 말장난임을 알게 되었다. 산천재도 보이는 대로 보면 보이는 글자다.

하늘(天)과 산(山)을 따져보면, 높은 것은 당연히 하늘이다. 이럴 때는 천산재(天山齋)가 되어야 한다. 그러나 남명은 산천재(山天齋)라고 작명했다. 산을 하늘보다 높이 쳤던 것이다. 이는 산천재에 적혀있는 "천명불산명(天鳴不山鳴)"이라는 남명 싯귀에서도 엿볼 수 있는 대목이기도 하다. "하늘이 소리 내어도 산은 대꾸하지도 않는다."라는 것이 천명불산명이다.

하늘의 소리(天鳴)인 명종 임금의 어명이 남명에게 여러 차례 당도했다. 무슨 관직을 제수하노니 입궁하라는 어명이었다. 그러나 남명은 요지부동한 지리산 천왕봉처럼 움직이질 않았다. 이런 남명의 행동은 불산명(不山鳴)이다. 이럴 경우에는 산이 하늘보다 높다. 그러므로 천왕봉 기상이 서린 산(山)자를 권위주의 임금을 상징하는 천(天)자 보다 앞에 적어놓은 것이 산천재(山天齋)였던 것이다.

산천재 문패가 걸린 양편에는 소박한 벽화 2개가 어렴풋이나마 보인다. 자세히 보면 계곡물과 소 그리고 사람이 등장하는 그림이다.

중국 요순시절 요임금은 허유에게 나라를 물려주려고 했다. 그 말을 들은 허유는 산속으로 들어가 계곡물에 귀를 씻었다. 귀씻는 광경을 목격한 농부가 그 이유를 물어오자, 허유는 그 이유를 말했다. 그러자 농부는 대뜸 소를 끌고 위로 가버렸다. 더러운 소리가 흐르는 물을 어찌 소에게 먹일 수 있겠느냐는 것이었다. 이후 허유는 기산(箕山)으로 들어가 평생을 살았다 한다.

이를 화제로 삼아 그려 놓은 그림이다. 기산에 입산하여 살았다는 허유는 천

산천재 현판위에는 바둑 두는 노인들의 그림흔적이 보인다. 산천재의 뜻은 보이는 대로 읽어야 한다.

허유이야기가 담긴 그림.

무릉도원에서 밭가는 농부그림.

제4장 덕천서원과 지리산문하

왕봉 아래 산천재에서 제자를 가르치는 것을 낙으로 삼고 살았던 남명을 상징한다.

산천재 문패 바로 위에는 바둑 두는 노인들도 그려져 있다. 신선이 장기 두는 놀음에 구경꾼 도끼자루 썩는 줄 몰랐다는 무릉도원 광경을 그려놓은 그림이다.

이런 광경의 산천재를 주역으로 퍼즐맞추기식 풀이를 하면, 그때부터 남명유적들은 오리무중이 된다. 반면 보이는 그대로 풀어 본 산천재라는 글자는 13년 전(1548년)에 지었던 남명의 뇌룡정(雷龍亭)과도 연결된다. 뇌룡(雷龍)은 벼락치는 용을 말한다. 그래서 뇌룡정 주련에는 시거이룡현(尸居而龍見), 연묵이뇌성(淵黙而雷聲)이라는 글자도 걸려있다. 풀어보면 "잠자는 용의 코털 건드렸다가는 벼락 맞는다" 쯤 된다.

명종10년, 뇌룡정에 있던 남명의 코털을 건드렸던 대왕대비 문정왕후는 날벼락을 맞았다. 남명이 올린 단성소 내용 중 "세상 물정도 모르는 일개 과부가 왕대비랍시고 국사를 좌지우지하니 백성들이 굶주림에 허덕인다. 이 나라가 어찌 여인천하냐! 그러니 과부대비 그만 물렀거라!"라는 내용이 그것이다.

"생각은 모나게 해도 행동을 둥글게 하라"가 퇴계와 퇴계문하의 교육관이었다면, 남명과 남명문하는 그와 달랐다. "모난 생각이 옳다고 생각되면 행동도 모나게 하라"가 남명의 교육관이고 행동지침이었다. 이런 것들이 퇴계와 남명문하의 다른 기풍이다.

다른 것은 또 있다. 도산서원이나 병산서원의 강당 양편에는 동재와 서재가 있다. 그 같은 배치는 우리 건축물의 기본 양식이다. 그런데 이곳 산천재는 서재가 생략되어있다. 서재가 생략된 이유는 무엇일까. 당시 집짓기에 사용되었던 건축술은 풍수였다. 남명은 풍수지리학까지 도통했던 선비였기에 문하생들에게 풍수까지 가르쳤다. 이런 생각이 들자 눈길은 자연스럽게 풍수로 쏠릴 수밖에 없었다.

벼락치는 용의 집인 뇌룡정. 48세 때 남명은 뇌룡정을 짓고서 12년간 제자들을 가르쳤다.

엎드린 용 형국 앞에다가 둥근 담벼락의 뇌룡정을 지었다. 이럴적 뇌룡정은 여의주을 상징한다.

서재가 생략된 산천재 광경.

산천재 풍수설계

450여 년 전, 남명이 이곳 덕산 땅에 산천재를 택지했을 당시를 상상해 보자. 덕산 땅은 어느 지점에서 관산(觀山)하더라도 산줄기들이 울타리처럼 둘러치고 있는 장풍(藏風)국면임이 드러난다. 이러한 장풍국면에 들어 있는 이곳을 남명은 무릉도원이라고 생각했다. 천하의 무릉도원이기에 모든 곳이 명당일거라는 생각은 오판을 불러온다. 무릉도원 내에서도 명당과 흉당은 존재한다. 이때 명당 혈을 찾는 유일한 방법이 풍수다.

한국인은 집터를 잡을 때, 가장 먼저 배산임수(背山臨水)를 따졌다. 배산과 임수 중에서도 배산을 우선시 했다. 인걸지령(人傑地靈)이라는 글자에 들어있는 지령(地靈)은 산줄기를 타고 오는 산기운이기에 배산을 중요시 했다.

덕산 땅의 모든 지령은 지리산 천왕봉에서 뻗어 내린다. 이 말은 천왕봉에서 빠져나온 산줄기들이 덕산 땅을 감싸고 있다는 말도 된다. 그러므로 이곳에서 집터를 택지 할 경우는, 산줄기 족보를 따질 필요가 없다. 덕산 땅은 모두 천왕봉 족보에 걸려 있기 때문이다.

단지 산줄기 중 마지막 끝부분이 출중하게 생긴 것만 찾으면 된다. 이러한 생각이 당시 남명의 택지 제1단계였다. 이러한 추정은 산천재로 들어오는 마지막 산봉우리를 살펴보아도 확인된다. 산천재 뒤로는 웅크린 봉우리가 머리를 내리듯 들어오고 있다. 저 같이 출중한 봉우리는 이곳 주변을 살펴도 몇 개 더 있다. 배산이 파악되면 그때부터는 임수를 살펴야한다. 산천재 앞면으로는 시천 물줄기가 흘러가니, 이는 임수(臨水)가 된다. 배산 조건과 임수 조건을 갖추고 있는 가운데 지점에는 명당 혈이 있다. 더불어 천왕봉 풍광까지 충족되는 이곳이기에 남명은 바로 여기를 택지했던 것이다.

터가 정해지면 그때부터는 집을 설계한다. 이때 산천과 조화를 이루는 집이어야 명당집이 된다. 이것이 제2단계 작업에 속한다. 이 때도 산을 등지고 물을 앞에

덕산땅. 이곳의 모든 땅기운은 천왕봉에서 뻗어내렸다.

산천재 뒤편에서 뻗어내리는 출중한 산줄기 (정면사진). 출중한 산봉우리 밑에 산천재가 있다.

산천재와 풍수배산 (측면사진).

제4장 덕천서원과 지리산문화

두는 배산임수배치가 다시 적용된다. 이를 어기면 명당 터도 흉당작용을 한다.

 조선왕조 시절에는 역적이 나오면 역적문중 선산에 있는 명당무덤들을 흉당무덤으로 만들어 버렸다. 흉당화 방법 중에 하나가 멀쩡한 배산임수 무덤을 거꾸로 돌려 배수임산(背水臨山)으로 만들어 버리는 것이었다. 이런 것을 역장(逆葬)이라고 한다. 배수임산하고 있는 집이란 결국 역장시킨 무덤과도 같다.

 제대로 잡은 배산임수에 양지바른 남향집은 한국인이라면 누구나 좋아하는 풍수명당집이다. 산천재도 배산임수에 남향집 배치를 하고 있다. 한국인 표준 명당집인 산천재는 여기에 풍수 명당조건 하나를 더 갖고 있다. 이점이 산천재의 빼어남인데 이를 알아보기 위해서는 먼저 시야를 넓어야한다.

 주변 산천과 집을 한목에 파악할 수 있는 풍수방법이 있다. 프로기사들은 바둑판 전체포석을 한 눈에 파악하고, 그에 가장 잘 맞는 정석을 선택한다. 이때 포석이 풍수형국에 해당된다.

 그렇다면 남명은 산천재를 어떤 형국으로 파악했던 것일까. 형국을 파악할 때는 먼저 산줄기부터 관찰하여야 한다.

 천왕봉과 산천재를 연결하는 산줄기는 대동여지도를 활용하면 유익하게 식별된다. 대동여지도의 해당 산줄기에 붙어있는 곁가지들을 제거하면, 오늘날 등고선지도보다 식별하기가 훨씬 용이해 진다. 천왕봉에서 웅석봉을 거쳐 덕산동 산천재로 들어오는 대동여지도 산줄기를 풍수형국도에서 찾아 보면, 회룡고조형(回龍顧祖形)과 유사하다는 것을 알게 된다.

 풍수에서는 산을 용(龍)이라 한다. 회룡(回龍)은 산줄기가 C자 모양으로 회전한다는 표현이다. 고조(顧祖)는 출발한 조상산(祖山:여기서는 천왕봉)의 끝머리가(여기서는 산천재 뒷산) 다시 조상산을 쳐다본다는 용어다.

 산천재를 나로 했을 때, 아비는 웅석봉이 되고 할배는 천왕봉이라는 풍수족보를 갖추게 되는 것이 산천재의 회룡고조형이다. 아비는 아들에게 회초리를 들 수도 있다. 그러나 손자에게 회초리 드는 할배란 한국인의 정서에는 없다. 무슨

186　　조선시대의 명문사학 서원을 가다

대동여지도로 보는 산천재와 천왕봉. (원래 지도에서 곁가지들만 짤라냈다.)

회룡고조형 형국도 : 산천재와 천왕봉은 회룡고조형 풍수임이 드러난다. 이 같은 풍수형국에 맞추어 설계한 것이 산천재다.

천왕봉 방향의 서재를 생략시킨 산천재. 이때 동재는 서쪽에 있는 천왕봉지령 산천재에 걸리겠끔 가로막는 풍수 바리케이드역할을 한다.

제4장 덕천서원과 지리산문하

짓을 해도 그저 귀여운 손자이기에 용돈도 주고 세뱃돈도 주는 것이 할배다. 용돈, 세뱃돈이라는 것은 소위 명당 발복을 받는다는 것에 해당된다. 손자 중에서도 할배를 항상 쳐다보고 있는 손자 녀석이 더 많이 받는 것은 어쩔수없이 끌리는 인지상정이다.

남명은 할배 용돈과 세뱃돈인 천왕봉 정기를 더 받기 위해 천왕봉 방향을 가로막는 서재를 생략시켰던 것이다. 이 때 동재는 산천재 마당으로 굴러들어온 천왕봉 정기를 못 빠져 나가게 막는 울타리 역할도 한다. 이것이 회룡고조형에 의해 설계된 산천재 배치다. 산천재의 회룡고조형을 논증할 수 있는 풍수문화재는 우리 땅 지천에 널려있다.

남명은 1561년에 산천재를 창건했다.

그보다 700년 전에 회룡고조형을 완성시킨 뼈대있는 풍수현장도 있다. 경북 수도산 수도암 삼층석탑이 그 현장이다. 수도암 삼층석탑과 가야산 상왕봉이 서로 쳐다보고 있는 회룡고조형이다. 이는 수도암과 가야산 해인사 풍수관계에서도 논증되고 있다. 당시 가야산 상왕봉의 회룡고조형에는 문제가 있었기에 삼층석탑을 세워 이를 할배로 만들었던 것이다.

석탑을 세운 창건주가 한국풍수 원조인 도선국사이고, 수도암 삼층석탑은 보물 제297호로 지정되어 있기에 확실한 풍수현장을 보여주고 있다. 이제 두 사진들을 번갈아 바라보기만 하면 된다. 산천재와 천왕봉과의 관계가 삼층석탑과 상왕봉 장면과 통한다. 산천재나 삼층석탑이나 똑같이 산봉우리들을 바라보고 있기 때문이다.

수도암 삼층석탑은 회룡고조형에 따라 설계된 남명 산천재를 논증시켜주는 또 하나의 문화재 현장임과 동시에 최초의 비보풍수 현장이기도 하다.

산천재의 가을사진. 산천재가 지리산 천왕봉을 바라보고 있다. 회룡고조형에서 발견되는 특유의 장면이다.

수도암의 가을사진. 수도암 삼층석탑과 가야산 상왕봉이 마주보고 있다. 이 역시 회룡고조형에서 발견되는 독특한 광경이다.

장풍국에 들어있는 수도암. 859년 이곳에 세워진 삼층석탑은 도선국사의 풍수비보 탑으로 우리나라 최초의 풍수문화재라 할 수 있다.

남명묘소

 산천재를 나오면 도로 쪽으로 남명기념관이 있다. 기념관 뒤편으로는 둥그런 산봉우리가 보인다. 산발치 아래에 남명사당까지 차려놓은 산봉우리는 산천재의 배산이다.

 배산 정상에는 남명묘소가 있다. 산천재에서 도로를 따라 서쪽으로 100m정도 가면 남명선생묘소 입구라는 안내석이 보인다. 안내석이 가리키는 대로 산길을 따라 3분 정도 올라가면 남명묘소에 닿는다.

 산천재에서 제자들을 11년간 가르치던 남명은 1572년 운명했다. 유해는 남명 자신이 생전에 직접 잡아놓은 이곳에 안장되었다. 평소 제자들에게 성리학은 물론 제자백가와 주역에 병법 그리고 풍수지리까지 가르친 남명이 직접 잡은 묘소이기에 당연히 눈길이 갔다.

 남명묘소 뒤를 보면, 약간 솟아오른 잉(孕)도 보인다. 잉과 이어지는 산줄기를 역 추적하여 보면, 10m가량의 산줄기가 갈지자(之) 형상으로 들어오고 있다. 소수서원에서도 보았던 태식잉육(胎息孕育)장법을 제대로 갖춘 것이다. 이때 육(育)은 혈(穴)을 가리키는 풍수용어로써 남명무덤이 이에 해당한다.

 남명묘소도 천왕봉에서 뻗어 내린 정기를 받고 있다. 천왕봉에서 남명묘소까지 이르는 산줄기가 무덤 가까이에 이르러 태식잉을 보여주며 무덤(육)으로 들어온다. 이런 것이 풍수 형세론(形勢論)의 설명이다.

 강의실에서 수강생들에게 풍수자료들을 보여주고 논리적으로 설명하면 이해를 하기는 한다. 그러나 백문이불여일견이듯 서술적 강의로는 부족할 수밖에 없는 것이 풍수다. 게다가 조선왕조 500년과 오늘날 100년, 도합 600년간 시도 때도 없이 사람들을 속였던 것이 무덤풍수장이들이었기에 누가 풍수장이 말을 믿겠는가. 그래서 나온 말이 "반풍수 사람잡네", "뻥이야", "풍친다" 등등의 풍자들이다. 항간에는 사주보는 명리학이 풍수지리인양 혹세무민하는 사람까

오른쪽사진 / 산천재 뒤에 있는 남명사당. 사당 뒷산이 산천재 배산이다. 배산 위에 남명묘소가 있다.

남명이 직접 택지한 신후지지 묘소 뒤에는 …

… 더부룩한 잉(孕)도 있고 …

… 묘소앞 망주석에 새겨진 세호(細虎)의 상행(上行)은 석물양식법도에도 맞다.

제4장 덕천서원과 지리산문하　　191

천왕봉 산줄기가 80여리를 뻗어내려 와서 뭉쳐놓은 둥근 봉우리 위에 자리한 남명묘소.

지 생겨났을 정도다. 명리학과 풍수지리는 아무런 상관도 없는 분야다.

남명묘소와 천왕봉이 한눈에 보이는 곤산점에서 찍은 사진을 보자. 천왕봉에서 남명묘소까지 이어지는 산줄기를 보고 있노라면 눈길을 끄는 부위가 있다. 뻗어 내린 산줄기 중 남명묘소가 있는 산봉우리가 둥글게 생겼다. 봉긋한 봉우리 위에 올라타고 있는 것이 남명묘소다. 저 같은 모습을 풍수에서는 누에머리인 잠두(蠶頭)라고 한다. 남명묘소는 잠두형이다.

누에는 뽕잎을 먹을 때, 머리를 8자 모양으로 흔든다. 흔드는 머리통을 산기운 운동성으로 보는 것이다. 그러나 이러한 설명도 아리송하기는 마찬가지다. 둥근 산봉우리를 동물 대가리로 보는 것은 그런대로 연상된다고 하더라도, 저게 누에 대가리인지 범 대가리인지 용 대가리인지는 생각하기 나름 아닌가. 이런 것까지 확연히 논증시켜주어야 비로소 하나의 형국은 성립된다.

형국이 성립되려면 가장 먼저 배산과 앞산이 서로 조화를 이루고 있어야 한다. 가령 양가집 규수인 옥녀봉(玉女峯)과 마주하는 앞산이 말(馬)형상이거나 소(牛) 같이 생겼을 경우는 문제가 발생한다. 옥녀와 말과 소는 바람난 애마부

남명묘소 앞산 광경들은 옥녀가 비단을 짜는 전형적인 옥녀직금형을 보여주고 있다. 묘소 아래에 보이는 마을이 사리(絲里)마을이다.

… 나는 비단을 짜려다 한필을 완성하지 못하여 세상에 쓰이기가 곤란하다. 퇴계는 명주를 짜서 한필을 완성했으니 세상에 쓰일만 하다… . 라는 남명의 유언과 옥녀직금형 겨울날은 어찌 그리도 맞아 떨어지는 광경인지… 어느 겨울날 답사 때 목격했던 광경이다.

인처럼 애마처녀, 젖소처녀 발복한다는 정서 때문에 형국은 성립될 수 없다.

남명묘소의 봉긋이 솟은 앞산 봉우리는 전형적인 옥녀봉(玉女峯)이다. 옥녀봉 앞으로 길게 뻗어 나온 산자락은 비단을 풀어 놓은 형상이다. 이런 형상을 두고 풍수에서는 옥녀가 비단을 짠다는 옥녀직금형(玉女織錦形)이라 한다.

옥녀가 비단을 짜려면 실(絲)이 필요하다. 그래서 이곳 사람들은 남명묘소 배산인 잠두형과 앞산인 옥녀직금형 사이에 있는 마을을 사리(絲里)마을 이라고 붙여놓았다. 누에(남명묘소)가 실을 내뿜자(사리) 이를 받아 옥녀가 비단을 짠다(앞산). 그러므로 옥녀직금형과 실 사(絲)라는 마을이름은 남명묘소가 잠두형임을 객관적으로 논증하는 일례가 된다. 이런 것들이 문화재풍수를 입증하는 향토지명인 것이다.

덕천서원

산천재에서 도로를 따라 2km를 더 올라가면 덕천서원이 나타난다. 길옆에 서 있는 홍살문과 학자수(學者樹)가 이곳이 서원임을 알린다. 홍살문은 금문(禁門)으로 경건한 영역을 상징하고, 학자수는 붓을 상징한다. 홍살문 맞은편에 있는 세심정(洗心亭)이라는 정자가 있다. 몸과 마음의 티끌을 씻어버리라는 세심(洗心)인 것이다.

여기까지는 여느 서원에서나 볼 수 있는 광경이지만, 덕천서원 정문에 걸려있는 시정문(時靜門)이라는 현판 중 정(靜)자가 유난히 눈길을 끈다. 정자가 저렇게 걸린 이유는 아직까지 아무도 모른다. 그러나 풍수로써 조명하면 이렇게 풀린다.

산천재의 풍수형국은 출렁거리는 용트림으로 회전운동 하는 회룡고조형이다. 회전하면서 용트림치는 기세는 동(動)에 해당된다. 남명은 천왕봉처럼 어떤 외세에도 흔들리지 않는 굳은 기개를 지녔다. 그 같은 행동은 정(靜)에 속한다. 남명의 뇌룡정시절은 정중동(靜中動)인 반면 이곳 산천재시절은 동중정(動中靜)에 비유될 수 있다. 그러므로 정(靜)자를 크게 강조한 시정문을 들어간다는 것은 그 자체가 남명의 동중정 세계로 들어서는 것도 된다.

덕천서원은 남명사후 4년이 지난 1576년에 창건되었다. 서원을 창건했던 것은 제자들이다. 그러나 이곳은 남명이 초가집 한 채를 짓고서 제자들과 즐겨 찾았던 터였다.

그 터에 세워진 덕천서원이기에 이곳을 잡은 남명의 풍수형국이 궁금했다. 서원 앞쪽으로는 물줄기가 흐르고 이를 건너가면 1km가량 떨어진 야산을 만난다. 야산 과수원 부근에서 덕천서원 쪽을 보면 확 트인 지리산 광경들을 볼 수 있다. 듬직하게 서 있는 천왕봉에서부터 덕천서원에까지 이르는 산줄기의 연결은 1:100,000지도책으로 찾아보아도 식별된다.

산과 서원이 한폭의 풍광을 이루는 덕천서원.

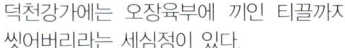

덕천강가에는 오장육부에 끼인 티끌까지 씻어버리라는 세심정이 있다.

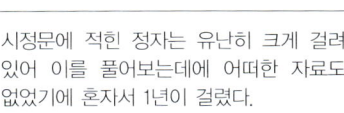

시정문에 적힌 정자는 유난히 크게 걸려 있어 이를 풀어보는데에 어떠한 자료도 없었기에 혼자서 1년이 걸렸다.

제4장 덕천서원과 지리산문하

천왕봉에서 북쪽으로 뻗어간 산줄기는 중봉으로 건너간다. 중봉에서는 시천면과 삼장면의 경계선을 따라 계속 내려오다가 구곡산을 만난다. 이때 지도상에 나와 있는 덕천서원지점과 구곡산 정상을 일직선으로 그어본다. 그어 본 일직선이 덕천서원으로 들어오는 지맥선이다. 더 정확히 알아보려면 1:25,000 등고선지도를 놓고 마루 금을 그어 보면 되나, 앞서 그은 일직선만으로도 지맥선 파악에는 무리가 없다.

중요한 것은 지도에 그어놓은 일직선과 현장을 맞춰 보는 일이다. 덕천서원 바로 뒤편에는 지객선과 연결된 나지막한 동산 하나가 보인다. 연화봉(蓮花峯)이다. 이정도만 분석되면, 덕천서원 형국을 알아내는 것은 그리 어렵지 않다. 가령 소수서원과 바로 붙은 동산은 영구봉(靈龜峯)이다. 영구봉은 비로봉에서 흘러내려온 산줄기와 잇대고 있다. 이곳 덕천서원의 연화봉과 천왕봉도 소수서원의 영구봉과 비르봉처럼 똑같은 법칙에 걸려있다.

소수서원은 영구하산형이기에 이곳도 연화하산형이라고 얼핏 생각할 수도 있다. 그러나 그런 명칭은 어쩐지 이상하다. 왜냐하면 발 달린 동물은 하산 할 수 있으나 뿌리를 박고 있는 식물이 하산 한다는 것은 있을 수가 없는 일이기 때문이다. 그래서 연화낙지(蓮花落地)로 고쳐 본다. 이제는 땅에 떨어진 연꽃이 되어 그래도 어색하긴 마찬가지다. 이때 병산서원 형국을 참작하면 된다. 연꽃이 씨방의 무게를 못 이겨 고개를 숙인다는 연화도수형(蓮花到水形). 전통풍수형국 목록을 살피면 연화낙지는 없어도 연화도수는 있다. 덕천서원 풍수형국은 연화도수형인 것이다.

덕천서원 약력을 들춰보면, 창건 때는 덕산서원(德山書院)이라 하였으나 후일 덕천(德川)으로 고쳤다한다. 연꽃과 물은 떼려야 뗄 수 없는 관계이기 때문에 내 천(川)자로 개명되었음이 짐작된다. 또 덕천서원 앞마당에는 원래 연못 두 개가 있었다는 기록도 나와 있다. 덕천서원의 연화도수형은 그 같은 기록에서도 확인할 수 있다.

덕천서원 앞. 1,500m 떨어진 야산에서 바라본 광경.

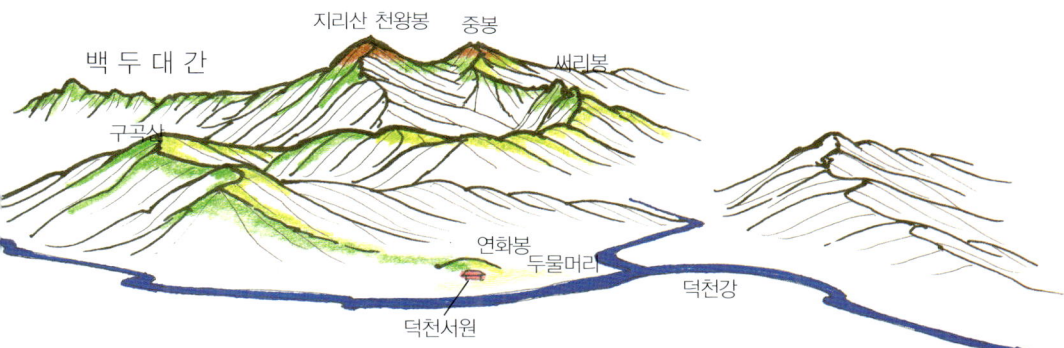

덕천서원 산세 설명도.

연꽃 씨방에 해당되는 연화봉에 붙어 있는 덕천서원.

제4장 덕천서원과 지리산문화

강당공간과 경의

시정문을 들어서면, 트인 마당과 소박한 강당을 만나게 된다. 이곳 지리산문하 서원들은 그들만의 특징을 갖고 였다. 퇴계문하 서원들이 건물을 중요시 했다면, 남명문하 서원들은 터를 중요시 했다. 그리고 전자가 내부 공간 활용을 중요시했다면, 후자는 외부공간에 기상을 담으려 했다.

천왕봉 기상이 뻗어 내리는 덕천서원은 강당중심 서원이다. 남명이 제자들에게 천왕봉 기상을 담아서 가르쳤던 것은 경의(敬義)였다. 그래서 이곳 강당도 경의당(敬義堂)이다.

남명의 경(敬)을 미주알고주알 전문용어로 따지고 들어가면, 뭐가 뭔지 잔뜩 어려워져 버린다. 그런 것은 학자들의 관념론 영역에 속한다. 아주 쉽게 일반적 상식으로도 접근할 수 있는 경은 이런 것이다.

먼저 경은 공경할 경(敬)자다. 그렇다면 무엇을 공경하여야 한다는 것일까. 이때 공경하여야할 대상은 자신의 정신이다. 불교에서는 이를 마음이라고 한다. 마음을 깨치면 곧 견성에 이른다. 견성하기 위해서 모든 생각을 오로지 화두에 다 집중시킨다. 이런 것이 불교승려들의 최고요체인 참선공부방법이다.

유교선비들의 경이란 한마디로 정신집중을 뜻한다. 정신이 흐트러지면 실수도 하고 때로는 실언과 시정잡배 행동까지 할 수 있다. 그러나 평상시에도 정신집중이 곧게 되어 있으면, 선비정신은 초지일관 살아있게 된다. 그래서 남명은 무엇보다 경 공부를 중요시 했다.

경 공부에 박학다식한 학자라 할지라도 나약한 선비가 되어 침묵하는 지식인이 된다면, 학문은 무용지물이 되어버린다. 그래서 경 공부 뒤에 따라 붙은 것이 의(義)였다. 의는 행동을 가리킨다. 의는 의로운 의(義)자다. 그러므로 경의(敬義)라는 것은 "행동하는 참된 지식인"을 뜻한다.

"알면 행동하라"라는 교육을 놓고, 퇴계 문하는 이를 지행일치(知行一致)하라

시정문을 들어서면 이는 남명의 동중정을 들어서는 것이 된다. 시정문 속으로 보이는 덕천서원 강당.

덕천서원 강당은 경의당(敬義堂)이다. 남명은 정신(敬)과 행동(義)을 하나되게(合一) 가르쳤던 영남학파의 큰 스승이었다. 이는 강당에 경의가 걸린 이유다.

강한 기운을 담고 있는 덕천서원의 겨울풍경.

고 가르쳤다. 남명은 이보다 더 강력하게 가르쳤다. 지행합일(知行合一)이라고 말이다. 퇴계의 자모교육 방식과, 남명의 엄부교육 특성에서 오는 차이이기도 했다.

퇴계와 남명이 운명한지 20여년 후, 임진왜란이 터졌다. 그러자 지(知)와 행(行)의 일치(一致)점을 찾기 위해 이 생각 저 생각에 몰두했던 퇴계문하생들에게는 시간적 여유가 필요했다. 시쳇말로 임진왜란 초기에 모두들 36계 줄행랑을 쳤던 것이다.

그러나 지행합일을 교육 받은 남명문하생들은 왜란발발 소식을 듣자 그 즉시, 칼을 들고 의병장이 되어 왜적과 싸웠다. 홍의장군 곽재우, 의병대장 정인홍, 의병장 조종도 등등이 모두 남명문하생들이었다. 이때 의병(義兵)은 이곳 경의당(敬義堂)에 걸린 의(義)자를 붙인 것이다. 만약 퇴계문하에서 먼저 구국결사 민병대를 조직했더라면 의병이 아닌 향병(鄕兵)이라는 명칭을 붙였을 것이다.

행동을 중요시 하는 지식인일수록 형식과 격식에 구애를 받지 않는다. 그러다 보니 남명문하서원의 건물들도 이를 닮고있다. 그저 건물이란 비바람만 막으면 된다는 식이다.

덕천서원 기단석을 보아도, 기둥을 받치고 있는 주춧돌을 보아도, 제대로 다듬어 놓은 것이 없다. 도산서원과 병산서원강당에서는 볼 수 없었던, 활주까지 이곳 강당을 받치고 있다. 집장사가 덕천서원의 궁색한 강당을 보고나면, 돈 안 되는 집이라고 말할 것이다. 목수가 보면, 건축적 가치마저 없는 것이 덕천서원이라고 폄하할 것이다. 그러나 그런 식의 시각은 껍데기 문화재답사 시각에 불과하다. 현재의 낙산사는 소실되었다. 소실된 것은 해방이후 집장사식으로 지어버린 대부분의 건물들이다. 그러나 낙산사 터는 1,600여 년전 의상대사가 택지했던 그터 그대로다. 이곳 덕천서원은 터와 공간을 읽을 수 있는 그런 곳이다.

덕천서원의 여름. 현장풍수답사를 간 건축사들이 강당에 모여 필자의 건축 풍수 강의를 열심히 듣고 있다.

강당 기단석들, 근래에 설치한 것들을 제외 하고는 자연석을 그대로 박아 놓았다.

동·서재 돌들도 마찬가지다.

강당공간과 미학

덕천서원은 있을 것만 있다.

정문을 들어서면 강당과 함께 동재오- 서재가 보인다. 그것이 강당공간에 있는 건물 전부다. 강당 뒤편을 보아도 사당 하나만이 덜렁 있을 뿐이다. 세워 놓은 건물보다 빈공간이 더 많은 덕천서원예서 볼거리에 고민하던 사람을 보았다.

건물들이 빼곡히 들어찬 퇴계문하서원들보다, 텅 빈 덕천서원이 훨씬 더 빼어나다는 것을 알게 되었던 것은 개인적인 체험 때문이다.

학창시절 설악산으로 수학여행을 갔다. 00정 앞으로 2km라는 커다란 푯말을 보고 끝까지 올라갔다. 신흥사 푯말보다 컸기에 대찰보다 더 큰 정자인줄 알았다. 막상 도착하니 수박밭 원두막보다 작은 초라한 정자였다. 그러나 별 볼일 없는 정자에서 본 설악산은 정말 장관이었다. "이곳 정자보다 설악산 절경을 한눈에 담고 있는 전망대 있으면 나와 보라고 해!" 라고 소리치고 싶을 정도였다.

동양화의 산수정경을 아름답게 보여주는 여백의 미, 결코 빈말만은 아니다. 이글을 집필하고 있을 때, 부산대학교 예술대학에서 연락이 왔다. 2005년 9월 달부터 필자에게 교양학부와 대학원 석박사과정인 학생들을 상대로 풍수강의 해달라는 요청이었다. 학부 강의 제목은 "풍수미학"이고, 대학원강의는 "한국인의 미의식"이라는 강의였다. 충분히 가능한 연결관계다. 한국인의 눈썰미는 산과의 눈맞춤이었고, 이를 연결했던 잣대는 풍수였기 때문이다. 그 같은 잣대 눈금들을 하나씩 강의해주면 된다. 그러한 풍수눈금에는 우리문화재 첫수도 들어있고, 이곳 공간도 들어있다. 덕천서원 강당 뒤편에 있는 문을 열고 앞쪽을 쳐다보면, 사진과 같은 광경이 보인다. 이곳에서만 볼 수 있는 공간의 미학이다.

승려시절 자주 이용했던 산사(山寺) 객승들의 방, 가로질러놓은 대나무에 수건 하나만 덜렁 걸려있는 작은방은 빈 공간 그 자체였다. 빈 공간일수록 자연을 더 담는다. 자연이라는 공간에 시간이 담기면 그것은 계절이다.

덕천서원 강당공간은 3동의 건물이 전부다.

그마저 활주로 지탱한 강당 뒤에는 사당 하나만 덜렁 있다.

강당공간에 담긴 전경(前景). 산세를 끌어드리는 광경은 병산서원 만대루보다 훨씬 뛰어나다.

덕천서원은 계절을 담고 있는 그릇이기도 하다. 겨울에 보는 학자수는 이곳 두류산 답사 때 쓴 남명의 시구와도 어울린다.

"…가수촌 세 둥지에는 추운 까치가 산다…

가수삼소한작거(嘉樹三巢寒鵲居) …"

학자수를 가을철에 보면 또 다른 느낌이 든다. 분명히 은행나무인데 모양은 매화나무줄기처럼 각인된다. 사군자화에 그려진 매화나무도 이곳 학자수처럼 생겼다. 매화는 선비의 지조를 상징한다. 학자수 옆에는 정절문인 홍살문도 서 있다. 이것들은 뒤편에 있는 덕천서원과도 어울린다. 경의라는 정신공부와 학자수의 지조 그리고 홍살문에 걸린 절가는 모두 선비정신이며 덕목이다.

사람이 집 속에 들어가서 살긴 살지만, 결코 집에 사람이 잡히면 안 된다. 그런 까닭에 선조들은 좋은 집에 대하여 이렇게 말했다. 사람은 집을 잡고 살며, 집은 자연을 가득 담아야 한다고 말이다. 이런 것이 우리 전통건축물에 담긴 선조들의 시각이기도 했다.

덕천서원 서재는 자연을 담는 것이 집이라는 풍경을 보여준다. 서재 뒤편은 지리산의 산줄기가 받쳐준다. 건물과 산이 어우러지는 광경이란 저런 것이다. 서재를 허허벌판에다가 저렇게 세웠다면, 그것은 초라한 집 한 채 일뿐이다.

이곳 동재가 그런 허허벌판을 배경으로 두고 있다. 동재 뒤편으로는 받쳐주는 이렇다 할 산들이 없다. 그래서 선조들은 동재와 마주하는 서재에다가 어느 서원에서도 찾아볼 수 없는 공간 하나를 만들어 놓았다. 서재의 방과 방 사이에 마룻바닥을 깔아 놓고서 그곳을 빈공간으로 만들어 놓았다.

터놓은 서재 빈 공간으로 동재를 바라보면, 사진과 같은 광경을 보여준다.

이러한 공간을 보고서 감상한다는 것은 주관적일 수도 있다. 그러나 이것만은 누구라도 한눈에 알 수 있다. 덕천서원 강당공간에 담긴 시정문과 서재 공간에 담긴 동재광경이 똑같다고 말이다. 우리 문화재 속에는 선조들의 공간시각이 들어 있다. 그런 것 중에 하나가 덕천서원이다.

시정문 앞 학자수에는 겨울날에 쓴 남명의 시조가 걸려있다.

가을날의 학자수. 매화나무처럼 생긴 것이 선비의 기개까지 담고있다.

지리산 일(一)자 산줄기와 일(一)자 지붕이 어우러지는 덕천서원 서재.

동재 뒤쪽에는 이를 받쳐주는 마땅한 산이 없다. 서재 공간을 통해보면 동재 또한 더 없이 어울리는 광경을 갖추고 있다.

제4장 덕천서원과 지리산문하

사당 공간

강당 뒤쪽에 있는 사당 문을 두고서, 직선 축을 다지는 현대건축물처럼 볼 때는 이해 되지 않는다.

강당 좌측 벽과 처마를 받치는 활주사이로 사당 문이 보인다. 더 자세히 보면, 사당건물도 한쪽으로 쏠려있긴 마찬가지다. 덕천서원 강당과 사당은 직선 축 위에 배치된 것이 아니라 엇비슷하게 늘인 곡선배치를 하고 있다.

자연에는 직선이 존재하지 않는다. 산줄기와 물줄기를 보더라도 모두 곡선을 이루고 있다. 곡선 모양인 자연을 담으려면 이를 담는 그릇도 곡선이어야 한다. 그래서 우리 건축물들은 한결같이 곡선 배치를 하고 있다.

곡선배치를 보여주고 있는 이곳 강당과 사당은 또다시 특이한 곡선 하나를 더 보여준다. 강당과 사당의 방향이 10°정도 틀어져 있다는 것이다. 강당은 동남향하고 있다. 그런데 사당은 남쪽으로 10°를 더 틀어놓은 동남남향 쪽을 바라보고 있다는 것은 누가 보아도 알아차린다.

덕천서원 강당과 사당처럼 벌어진 한옥공간을 두고 이런 경우도 있었다. 공영방송TV에서 우리전통민가를 소개할 때, 저렇게 틀어진 공간배치는 고기압과 저기압의 원리를 이용한 것이라 설명하였다. 폭이 좁은 곳에 떨어진 빗물을 폭이 넓은 쪽으로 빠지게 하려는 배출구 용도에서 그랬다고 소개했다. 그런 것들이 우리 선조들의 지혜라면서 감탄까지 덧붙였다. 그러나 비가 내리는 날 틀어진 공간을 살펴보면, 빗물은 중간에서 양편으로 갈라져 내려간다. 그러므로 배출구 용도로써 틀어 놓은 것은 절대 아니다.

사당과 강단을 연결하는 중간선은 여느 서원에서도 그렇듯이 잉과 육(혈)을 연결하는 지맥선이다. 선조들이 풍수로써 배치해 놓은 문화재를 서구 과학적 지식 시각으로 해석을 하니 블랙코메디 설명이 되었다. 이곳 10°의 뒤틀림을 알기위해서는 먼저 살펴보아야 할 것들이 있다.

위사진 / 강당에서 보아도 사당문이 병산서원처럼 좌청룡쪽 문구멍을 통해보이는데 …

왼쪽사진 / 강당 뒤쪽에 있는 사당. 사당을 상징하는 백일홍나무가 서 있다.

… 강당과 사당 사이에는 우백호(이쪽)공간이 좌청룡(저쪽) 폭 보다 더 넓다. 각도로 치면 10°를 더 벌어지게 배치시켜 놓았다.

제4장 덕천서원과 지리산문하

사당문을 들어서던 숭덕사(崇德祠)라는 현판과 함께 작지만 대추씨처럼 튼실한 사당이 보인다. 도산서원과 병산서원의 사당들도 덕(德)자가 들어간 상덕사, 존덕사다. 반면 정여창을 배향한 남계서원과 김굉필의 도동서원은 그냥 사당(祠堂)으로 칭한다. 등방5현에 속한 김굉필과 정여창일지라도 생존 시, 이렇다 할 제자들을 육성하지는 못했다. 그러므로 큰 덕(德)자는 육성시켜놓은 문하생들이 있을 때 붙일 수 있는 글자라고 생각되어진다. 스승의 높고 큰 덕을 기린다는 의미일 것이다. 이런 것은 유교예제에 속한다.

숭덕사 좌측 벽면을 보면 용이 그려져 있다. 우측 벽면에는 백호 그림이 그려져 있다. 누가 보아도 이는 풍수에서 말하는 좌청룡 우백호를 그려놓은 것이다. 서원배치에 있어서 좌청룡과 우백호가 그대로 반영된 건물을 지적하자면, 동재와 서재가 이에 해당된다. 흔히 혈(穴:무덤봉분) 자리에서 앞쪽을 바라볼 때, 좌측에 있는 산을 좌청룡이라 하고 우측에 있는 산을 우백호라고 하듯이 말이다.

덕천서원의 혈 자리는 강당이기에 강당 좌측에 있는 동재와 우측에 있는 서재가 각각 좌청룡 우백호에 해당된다.

덕천서원 강당은 동남향을 하고 있다. 이럴 경우 동재는 방위 입지 상 동북재가 되고 서재는 서남재가 되어야 정확한 표현이 된다. 그러나 어느 서원이든 그같은 방향들은 무시하고서 동재와 서재로 칭한다. 좌청룡 우백호라는 상징성 때문이다.

좌청룡은 동쪽을 상징하고 우백호는 서쪽을 상징한다. 좌청룡 우백호라는 풍수상징은 동서남북이라는 방위들보다 우선시 되었다. 우선시 되었던 풍수시각으로 조명하면 덕천서원의 강당과 사당이 10° 가량 어긋나게 배치된 이유까지도 알게 된다.

이제부터는 보다 넓은 시야로써 살펴보는 문화재답사 덕천서원 이야기로 들어가고 있는 것이다. 우리 모두가 …

사당 건물의 정형을 보여주는 숭덕사(崇德祠). 태조왕릉 무인석처럼 당차다.

숭덕사 우측에는 서쪽을 상징하는 우백호 벽화가 있다. 숭덕사 좌측에는 동쪽을 상징하는 좌청룡 벽화가 있다.

제4장 덕천서원과 지리산문하

덕천서원과 산천재

우백호가 그려진 사당 벽화 쪽 담장 너머로는 제법 넓은 공터가 있다. 저런 공터는 도산서당 뒷담 너머에서도 보았다. 도산서당의 경우는 서당으로 들어오는 풍수지맥을 보호하기 위한 공터다. 그러나 덕천서원 공터는 그와 다르다.

연화봉의 지맥은 숭덕사로 들어와서 잉을 만들고, 경의당에는 혈을 만들었다. 그러므로 풍수지맥과는 무관한 공터라는 것을 알 수 있다. 서원은 풍수시각과 유교시각이 들어있는 문화재다. 이곳 공터는 풍수와 무관하기에 이제부터는 유교시각으로 조명하여야 하다.

덕천서원은 산천재를 연고지로 삼아 창건되었다. 덕천서원 사당에서 볼 때 산천재는 좌청룡 방향에 있다. 산천재가 있는 좌청룡 방향은 당연히 좌상(左上)이라는 높은 신분자리를 부여받게 된다. 이럴 때 사당 우측 우백호의 공터는 우하(右下)라는 낮은 자리에 해당된다. 우하에 걸맞게 이곳 공터에는 노비들이 기거했던 고직사가 있었다.

현장답사를 다니다 보면 방향과 공간을 무시한 안내판을 간혹 보게 된다. 그런 그림들은 답사가 초행길인 사람에게 치명적인 피해를 준다. 그 중 하나가 이곳 덕산 땅에 걸린 조식유적안내도다. 비밀스러운 무릉도원이나 십승지 지도처럼 헷갈리게 그려져 있다. 이것은 안내지도가 아니라, 추상화 지도쯤 된다.

천왕봉이 본래 위치에서 10여리나 벗어나 영신봉 쪽에 걸려있는 이런 지도라 할지라도, 이곳 덕산사람이나 공무원들은 곧잘 이해한다. 그들에게는 항상 다니던 도로이기에 정상적으로 보이는 마을 주민용 안내도가 된다. 남북방향까지 거꾸로 붙어있는 안내도를 바로잡아, 남쪽에서 보는 지도로 다시 그린 그림을 이곳 여행시에는 참그하기 바란다.

그림처럼 산줄기 품안에 들어있는 덕산 땅과 같은 분지를 풍수에서는 장풍(藏風)국면이라고 한다. 바람을 감춘다는 장풍(藏風)과 물을 얻는다는 득수(得水)

사당 우백호쪽의 공터의 정체는 ?

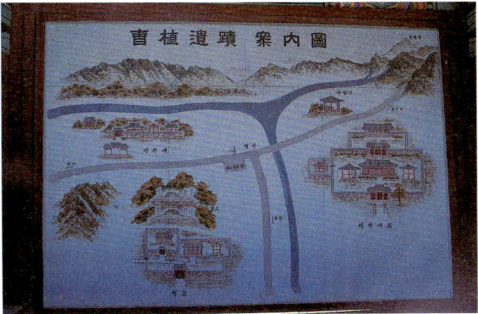

답사를 다니다 보면 저렇게 벽창호 안내판들을 간혹 보게 된다. 다른 사람들은 헷갈리건 말건 그곳 마을사람들만 이해할 수있으면 된다는 식이다.

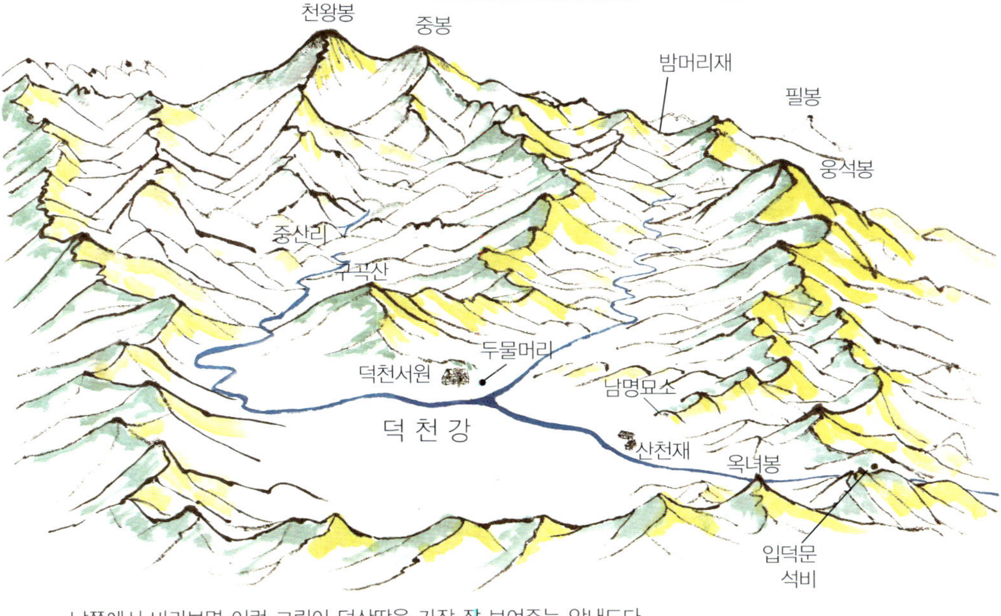

남쪽에서 바라보면 이런 그림이 덕산땅을 가장 잘 보여주는 안내도다.

제4장 덕천서원과 지리산문하   211

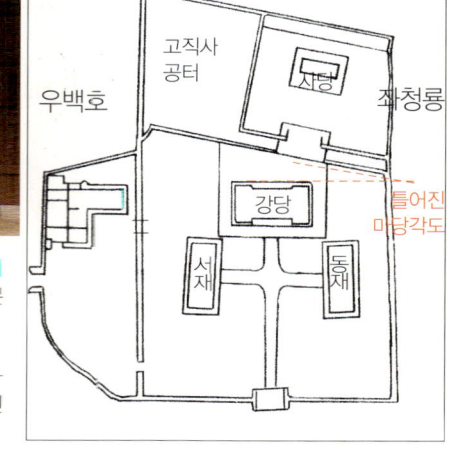

위사진 / 사당에서 본 강당. 강당옆 벽의 노출이 심한 것은 강당배치가 10°가량 틀어져 있기 때문이다.

오른쪽그림 / 강당과 사당배치도. 10°가 틀어진 비밀은 무엇일까.

를 합친 것이 풍수(風水)다. 그러므로 장풍과 득수를 제대로 갖춘 마을이 명당 마을인 것이다. 이때 득수는 산줄기를 타고 흘러오는 생기(生氣)를 멈추게 한다. 생기를 다른 곳으로 흘러가지 못하게 막아주는 물줄기는 일종의 바리케이드라고 할 수 있다.

물줄기가 멈추게 만들어준 생기라 할지라도 외부로부터 불어오는 강한 바람을 맞으면 산산이 흩어져 버린다. 강풍을 맞고 떨어진 과수원 낙과처럼 모든 것은 말짱 도루묵이 된다. 그러므로 마을을 감싸주는 바람막이 산줄기들이 필요했다. 이것을 장풍(藏風)이라 한다. 장풍(藏風)을 흔히 "바람을 감춘다"고 풀이한다. 무덤풍수들이 아전인수 격으로 풀어 놓은 말이기에 초보자들에게는 항상 헷갈리는 표현이기도 하다. 정확히 표현하자면 "외부로부터 불어오는 바람에 피해가 당하지 않도록 마을을 감추어준다"가 된다.

이곳 덕산 땅은 장풍국면 안에 들어 있기에 풍수조건은 이미 갖추고 있는 마을이다. 덕산마을의 남명 유적 중에서 가장 중심이 되는 것은 단연 산천재다.

도산서원에다 비교하면 산천재는 도산서당에 해당한다. 도산서당은 도산서원

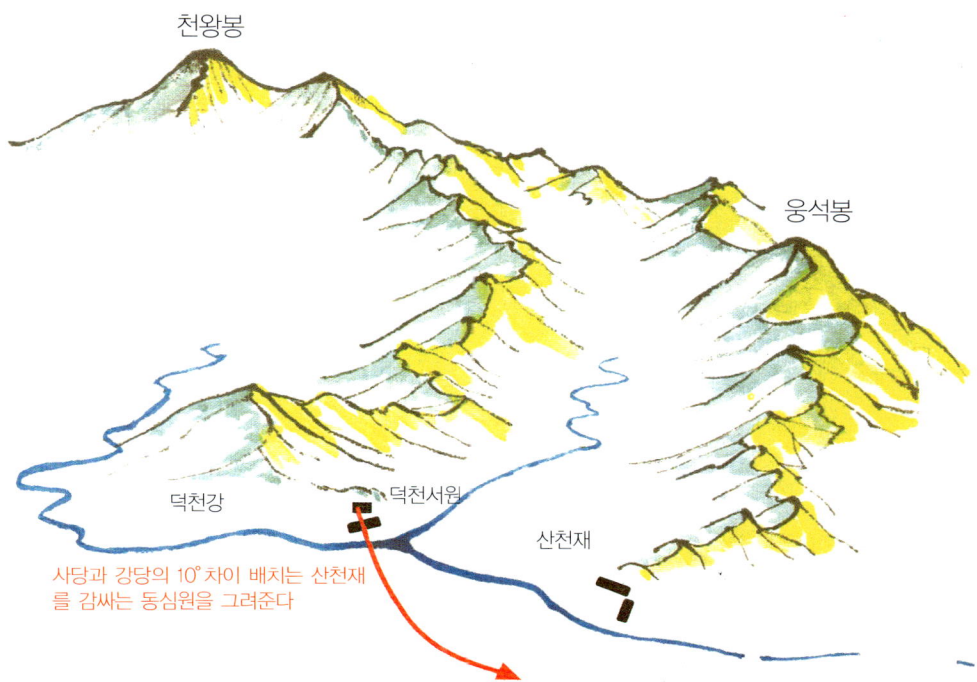

산천재를 북극성으로 삼고서 곡선을 그려주는 사당과 강당의 곡선, 이는 풍수장풍역할까지 성립시킨다. 덕천서원과 산천재를 축소시킨 것이 도산서원과 도산서당의 관계며 반대로 도산서당과 도산서원을 확장시킨 것이 이곳 산천재와 덕천서원의 유교계제며 풍수장풍관계다.

에서도 북극성에 해당한다. 이러한 도산서원의 배치를 확장하면, 그것은 바로 이곳 산천재와 덕천서원의 배치가 된다. 덕천서원의 사당과 강당이 어긋나도록 배치시킨 곡선을 연장시켜보면, 이는 스승의 산천재를 북극성으로 삼아 장풍국면을 이루어주는 건물 배치임이 드러난다.

  도산서당은 도산서원의 북극성이다. 산천재도 이곳 덕산 땅 남명문화재의 북극성이다.

제4장 덕천서원과 지리산문화   213

남명문하서원 – 서계서원

한국인의 백두기상을 발원하는 천왕봉.

"여보게 천석들이 저 큰 종을 보게나 / 크게 치지 아니하면 소리 내지 않는다네 / 어찌하여 저 두류산 천왕봉은 / 하늘이 울지라도 소리조차 내지 않을까."

남명이 지리산 천왕봉을 보고 쓴 시다.
산은 지리산. 처사(處士)는 남명이다.
절집에서 일하는 남자신도를 흔히 처사라고 부른다. 이는 잘못 전이된 명칭에 해당한다. 우리 역사를 통틀어도 처사는 오직 남명뿐이었다. 처녀(處女)는 마음과 행실에 있어서 정절을 지키는 아가씨를 뜻했다. 처사(處士)는 지조를 완벽하게 지킨 선비를 말한다.
남명은 운명직전 자신을 처사라 칭했다.
운명 후 나라에서 영의정 비석을 내렸으나, 제자들은 이를 남명묘소에 세우지

위사진 / 남명문하 덕계 오건이 배향된 서계서원은 지리산문하 서원이다.

오른쪽사진 / 서계서원의 입덕루. 건축시각에서 보면 하자가 발생한다. 그러나 선비시각에서 보면 기풍이 걸려있는 문이다.

않았다. 영의정 감투는 버릴지언정 처사 칭호는 버릴 수 없다는 것이다. 임금의 어명보다 스승의 말씀을 더 따랐던 것이 남명문하 제자들의 기풍이었다.

남명의 제자 중에는 덕계 오건(吳健)이란 선비가 있었다. 사후 오건을 배향한 서원이 서계서원(西溪書院)이다. 서계서원은 산청군 산청읍 지리에 있다. 서계서원도 남명문하서원답게 꼭 있을 것만 있다. 그런데 서계서원에는 스승 남명 때문에 붙게 된 두 가지 재미거리가 있다.

서계서원은 서향하고 있다. 지리산 천왕봉을 향해 서원을 배치시켰기 때문에 그 같은 각도로 틀어진 것이다. 이것은 천왕봉 기상을 받으려했던 지리문하 서원의 풍수에 속한다.

서계서원의 유교시각은 정문에서 발견된다. 정문에는 입덕루(入德樓)라는 문패가 당당하게 걸려 있다. 만대루와 같은 누대도 아닌 솟을삼문에 입덕루라고

제4장 덕천서원과 지리산문하   215

써 놓은 것은 이런 이유 때문이다.

　덕산 땅 입구에는 입덕문 석비가 였다. 여기서 따온 것이 입덕(入德)이 되는데, 감히 스승과 똑같이 문(門)자까지 붙일 수는 없었다. 그래서 누(樓)자를 붙인 것이다.

　그리고 보니 남명문하서원에서 누다를 본 기억은 없다. 누대에 앉아서 자연을 감상할 것이 아니라 나가서 직접 보라는 기풍인 것 같다.

　입덕루를 들어가면 강당이 나오는데, 좌청룡 쪽 협실이 생략되어 있다. 도산서원 강당도 저 같이 생략되어 있다. 도산서원 강당의 경우는 스승 퇴계의 도산서당이 좌측에 있기에 예제상 비워둔 것이다. 서계서원도 마찬가지다.

　서계서원 강당 좌청룡쪽을 보면, 어느 서원에서도 볼 수 없는 건물 한 채가 버티고 있다. 문제의 건물에는 덕천재(德川齋)라는 현판이 걸렸다. 덕천(德川)은 덕천(德川)서원에서 그리고 재(齋)는 산천재(齋)에서 가져온 명칭이 덕천재다. 그래서 감히 그 쪽 방향에다 원장실을 갖들 수가 없었던 것이다.

　이쯤 되면 서계서원은 입덕문, 산천재, 덕천서원과 천왕봉까지 끌어드려 스승에 관한 것은 다 들어 있게 된다. 건축물에는 정신이 깃들어 있다는 명언을 확인시켜주는 현장이기도 하다.

　그러나 그 정도에서 끝난다면 결코 남명문하서원의 기풍이라고 할 수 없다. 덕천재 기단과 강당기단을 수평으로 맞추어 보면 덕천재가 한 계단 더 높다. 이럴적 스승을 기리는 덕천재 문패가 강당에 걸린 서계서원 문패보다 더 높게 걸려 있다는 말이 되어 버린다.

　서계서원 현판은 왕이 내린 사액서원 편액이다. 그렇다면 어명보다 스승 명칭이 더 높이 걸린 광경이 된다. 이는 '하늘(왕)이 울어도(어명), 천왕봉(남명)은 울지 않는다(처사의 지조)"라는 남명 시귀와도 합일된다.

　가히 이쯤은 되어야 천왕봉기상을 긁은 남명문하서원이며 천(天)보다 산(山)을 앞세운 산천재(山川齋)의 표상이라 할 수 있다.

216　조선시대의 명문사학 서원을 가다

서계서원 강당. 도산서원 강당처럼 좌측협실이 생략되어 있다.

생략된 좌청룡 쪽에는 여느 서원에서도 볼 수 없었던 건물 한 채가 당당히 자리하고 있다.

덕천재라는 현판을 걸고 있는 건물은 강당건물보다 한단계 더 높다. 강당 기단과 덕천재 기단을 서로 비교해 볼 것.

서계서원 풍수

 우리나라는 70%가 산들로 구성된 산악국가다.

 항상 산을 보고서 살았던 한국인의 정서에는 특유의 풍토정서가 자리하고 있다. 풍토는 문화와 언어에 영향을 준다. 풍토가 빚어낸 것이 향토문화와 향토문화재들이며, 사투리라는 것도 결국에는 지역풍토언어에 속한다.

 이 같은 산악풍토가 한국 고유의 풍수 형국론(形局論)을 만들었다. 저 산은 솔개 같이 생겼다든지, 우리 국토는 호랑이를 닮았다는 등의 사물을 동식물형상에 비교하는 것이 형국론이다. 예로부터 우리 풍수 한국인의 정서 속에는 약방에 감초처럼 형국론이라는 것이 항상 끼어 있었다.

 한반도가 토끼같이 생겼다고 믿고 있으면, 힘없는 토끼처럼 기가 죽어 독립운동 분위기는 제풀에 꺾이게 된다. 이는 식민풍수가 노렸던 목적이기도 했다. 반면 우리나라 국토가 호랑이처럼 생겼다 하면, 붉은 악마들의 포효소리와 함께 월드컵 4강까지 신바람 나게 세계로 치닫는 원동력도 된다. 기백이 꺾이지 않아야 꿈도 이루워 질 수 있다. 이런 것이 민족정기 형국론의 효력이다.

 서계서원 배산은 풍수에서 말하는 옥녀봉(玉女峯)이다. 옥녀봉치고는 다소곳이 단정하게 앉아있는 옥녀다. 그리고 이곳 서계서원 정문 앞에는 분갑처럼 생긴 작은 동산이 있다. 또한 서계서원의 서계(西溪)는 서쪽에 있는 경호강(鏡湖江)을 뜻한다. 단정하게 앉아 있는 옥녀와 분갑 그리고 경호강 속에 들어있는 거울 경(鏡)자 이런 것들이 한 세트를 이루면, 이는 화장하는 처녀의 모습이다. 그러므로 서계서원 형국은 처녀가 화장을 한다는 옥녀단장형(玉女端粧形)이 된다.

 조선왕조실록을 살펴보면, 조선시대 최고의 풍수신봉자는 왕이었다는 것을 알 수 있다. 왕심을 잘 읽어야 출세했던 양반들이었기에 이들은 풍수공부를 목숨 걸고 했다. 이러한 풍조에서 나온 것이 사대부풍수다. 그림으로 치면 문인화쯤 된다. 또 하나의 풍수부류가 있었다. 므덤이나 보는 무덤풍수장이들이다. 그

풍수 옥녀봉 아래에 안정적 배치를 보여주는 서계서원.

정문 앞에는 둥근 모양의 분갑동산이 있고 …

… 우측으로는 거울 경(鏡)자가 들어간 경호강이 흐른다. 인하여 서계서원은 옥녀단장형인 것이다.

제4장 덕천서원과 지리산문하 219

들은 글마저 제대로 못 배웠기에 체계적인 풍수 공부는 엄두도 못 내어, 입심으로만 떠들면서 무덤발복 만병통치약만 팔고 다니던 반풍수 무리들이었다.

사대부풍수는 주로 양기(陽基:마을, 한양택지)풍수와 양택(陽宅: 집, 궁궐, 서원)풍수를 대상으로 삼았다. 그런데 사대부풍수에는 양반체통이라는 조건이 항상 붙어 다녔다. 집이나 서원들의 터 잡기와 설계배치를 풍수로써 결정해놓고서도, 아닌 것처럼 유교문자와 주역풀이로 얼버무려 놓았던 것이다.

남명은 사대부풍수의 대가였다. 그런 남명이 47세 때, 풍수 자문했던 산청군 입석마을 석대산은 전형적인 고사독서형(高士讀書形)을 보여준다. 솟아오른 봉우리가 선비 얼굴이며, 앞녘에 놓인 낮은 산도양은 책이다. 학식 높은 선비가 책을 읽는다는 고사독서형은 이곳 서계서원 사당에서도 발견된다. 사당대문 지붕위로 솟아오른 봉우리는 선비의 얼굴이 되는데, 이름마저도 걸맞게 필봉(筆峯)이다. 필봉 우측에 있는 낮은 산을 책으로 삼고서 독서하는 선비형상을 어렵지 않게 연상해 볼 수 있다.

고사독서형은 사대부들이 즐겨 찾던 풍수형국이기도 했다. 고사독서형은 충남 아산군 송악면에 있는 외암민속마을에서도 발견된다. 뼈대있는 사대부마을이기도 한 외암마을 입향조 고택을 오늘날까지 필통형이라고 부르고 있는 것은 서계서원 고사독서형의 필봉과도 통한다. 필통과 붓은 사대부 지참물이기 때문이다.

우리 문화재 속에는 사대부풍수가 들어있다. 그 중 어느 하나만 제대로 알면 이에 연관된 형국일 경우 그것은 한눈에 그 자리에서 풀린다. 이제부터는 우리 문화재 답사 때, 풍수테마여행을 덧붙일 경우에는 배로 재미있는 답사길이 된다. 우리 마을들과 땅은 풍수문화재가 지천에 널려있는 박물관이라 해도 과언은 아니기에 항상 새로움이 같이 한다.

남명과 풍수 인연이 있는 산청군 단성면 입석마을의 석대산. 사진 우측에 있는 산 봉우리는 선비얼굴이며, 좌측에 놓인 A형 텐트모양의 산은 책에 해당된다. 이를 종합하면 선비가 책을 읽는다는 고사독서형이다.

서계서원에서 보이는 필봉산의 고사독서형.

필통형 터에 입향조 종택을 둔 외암민속마을의 설화산. 이것도 고사독서형임이 드러난다.

제4장 덕천서원과 지리산문화   221

남명문하 – 국토지킴이 기상

남명문하의 발생지인 지리산은 낙동강 우측에 자리한다.

조선왕조 시절 이곳에서 가장 큰 고을은 진주(晋州)였다. 진주는 지리산 산천재와 직접 연결된 고을이었기에 당시 남명문인들의 향토도 되었다. 진주를 남도의 진주(眞珠)라 했던 것은 많은 인물들이 배출되었기 때문이다. 진주 인물은 고려시대부터 조정을 채우기 시작했다. 이를 두고 진주 사람들은 커다란 날개를 활짝 펼친 봉황산의 지령발복 때문이라고 생각했다.

진주고을 진산의 명칭은 원래 대봉산(大鳳山)이었다. 그런데 고려 때, 진주강씨 문중인 강감찬 장군과 강민첨 장군 등 진주인물들이 경상대부 반열을 이루며, 고려조정을 채우자 왕실에서도 이를 두려워했다. 그래서 어명으로 대봉산을 비봉산(飛鳳山)으로 바꾸어 버렸다. 날아(飛)가 버리는 봉(鳳)황으로서 진주진산(鎭山)의 기운을 날려 보내려는 의도에서의 비봉산(飛鳳山)인 것이다. 봉황지령이 날아가 버리면, 진주는 끝장날 것을 우려한 이곳 사람들은 풍수대책을 세웠다.

봉황은 5색을 두루 갖춘 길조로서 오동나무 숲에 집을 짓고, 대나무 열매인 죽실(竹實)을 먹는다고 알려졌다. 오늘날 진주시를 여행하면, 타 도시에서 보지 못한 특이한 광경을 보게 된다. 도시경관을 미화하려고 심어 놓은 가로수들은 흔히 은행나무나 플라타너스가 주류를 이룬다. 그런데 이곳 진주시 남강 변 가로수는 대나무 숲으로 조성되어 있다. 봉황이 진주를 떠나지 못하게 심어 놓은 풍수 먹거리인 것이다.

그 뿐만이 아니다. 대진고속국도가 생기기 이전에는 진주시에서 지리산 산청으로 통하는 길은 3번 국도였다. 3번 국도에는 상봉동(上鳳洞)도 있지만, 그곳 로터리 명칭은 아예 오죽(梧竹)광장이다. 봉황의 집인 오동(梧桐)나무와 먹거리인 대나무 죽(竹)으로 봉황을 잡아두려 했던 것이다. 이쯤 되면 한 살림 차려놓

남강을 임수로 진주성 언덕을 안산(案山)으로 삼고 있는 진주시. 배산은 비봉산이다. 봉황머리 양편으로 날개를 활짝 펼치고 있다.

진주시 상봉동의 오죽광장. 대나무와 오동나무로 조경시설을 해 놓았다. 기왕이면 다홍치마라는 풍수까지 갖춘 도시조경이다.

봉황머리에 붙어 있는 봉산사(鳳山祠).

제4장 덕천서원과 지리산문하

은 것인데, 그에 걸맞게 봉황머리에 해당되는 비봉산에는 봉산사(鳳山祠)라는 문패까지 걸려 있다.

이런 것이 한국인의 정서며, 아직까지 살아 숨 쉬는 한국의 도시풍수다.

진주시에 봉황의 기세를 넣어주는 산줄기는 백두대간에 놓인 덕유산에서 뻗어온다. 이는 진주 풍수 중 산세(山勢)에 해당된다. 더불어 진주시 수세(水勢)는 산천재 앞을 흐르는 덕천강 물줄기가 남강을 타고서 흘러 온다. 이 같은 남강의 수세가 모이도록 붙잡아 두는 산이 진주에는 있다. 진주시를 빠져나가는 마지막 남강 지점에 있는 월아산이다. 진주 사람들은 월아산을 진주의 수구막이(水口)산이라고 향토지에 기록해 놓고 있다.

이런 것이 진주풍수가 되는데, 진주에서 보는 풍경의 압권은 단연 지리산이다. 맑은 날 남해고속국도를 타고서 진주시를 통과할 때, 북쪽으로 시선을 주면 진주시가지와 지리산을 한눈에 담을 수 있다.

지리산 천왕봉이 굽어보는 진주는 남명정신을 닮고 있는 그릇이기도 했다. 남명이 산천재를 짓고 제자들을 가르치고 있었을 당시 서원선비들과 조선팔도 유생들에게는 최대의 관심사가 있었다. 도산서당의 퇴계 이황과 전라도 선비 고봉 기대승과의 7년에 거친 사단칠정론(四端七情論)이 유행했다. 성리학의 이(理)를 명확히 밝혀두어야 했던 그 당시 상황에서는 꼭 필요한 과정적 논쟁이었다. 그런데 조선팔도 유학자들이 열광하다보니, 오히려 비경제적인 병통을 야기하게 되었다. 꼭 필요한 학교교육일지라도 너무 과열되다보니, 사교육비 과대지출이라는 비경제적 상황에 처한 오늘날 망국병처럼 말이다.

사단칠정론은 이기(理氣)논쟁에 속한다. 이(理)와 기(氣)를 가지고서 4단의 내용과 7정이라는 항목들의 연결 관계를 논증하여야하는 탁상공론 논쟁이 사단칠정론의 정체다. 그런데 기(氣)는 눈에 보이지 않는다. 보이지 않더라도 느낄 수 있는 것이 기다. 이에 반해 이(理)는 보이지도 느낄 수도 없는 관념적인 생각일 뿐이다. 그런 까닭에 비현실적인 고담준론으로 끌고 갈 수도 있었다. 생각은 자

진주시를 굽어 보고 있는 지리산 천왕봉. 천왕봉 기상과 함께 남명정신은 진주인의 향토정신이기도 했다.

남강물줄기가 빠져나가는 진주시 수구 지점의 월아산. 이곳 향토지도 월아산은 진주의 수구막이라고 소개하고 있다.

진주성을 받쳐주는 지리산 천왕봉.

제4장 덕천서원과 지리산문화

남명의 신명사도에 적힌 "국군사사직". 국토가 침략을 당하면 군왕부터 목숨을 걸고 싸워야 한다는 남명의 교훈이다.

유다. 닭이 먼저냐 달걀이 먼저냐는 생각하기 나름이다.

결국 정답이 존재할 수 없는 것이 사단칠정론이었다. 이런 것을 결판내려고 7년간을 소모했다는 그 자체가 쓸모없는 학문을 양산하는 풍조로까지 번져 갔던 것이다. 퇴계와 고봉도 7년 후, 제풀에 지쳐 확실한 결론도 없이 그만 두어버렸다.

사단칠정론 논쟁이 시작되자, 남명은 제자들에게 탁상공론 논쟁에 휘말려 들어가지 말라고 이를 금지시켰다. 그런 시시비비꺼리에서 밥이 나오느냐 떡이 나오느냐는 그런 의도에서였다. 그렇게 허비하는 시간에 차라리 방청소나 하라는 것이 남명학문의 실리실학이기도 했다. 이 같은 흐름은 후일 정조 때, 정약용의 실학사상으로도 연결된다.

사단칠정 논쟁이 유행하던 시절 남명은 산천재 벽에다 자신의 독창적 학설인 신명사도(神明舍圖)를 걸어 놓고서 제자들을 가르쳤다. 신명사도를 살펴보면, 국군사사직(國君死社稷)이라는 글씨가 적혀있다.

조선왕조는 종묘와 사직으로써 국가를 경영하였기에 이를 종사보존이라 했다. 종묘는 왕실의 통치권을 상징하며 사직은 백성 경제의 기틀인 국토를 상징한다. 그러므로 남명이 제자들에게 가르쳤던 국군사사직이란 "군왕은 국토를 위해 목숨을 바쳐야 한다."라는 가르침이다. 종묘를 우선시 했던 조선왕조에서 보면 이는 대역모에 해당되는 사직중심의 좌익사상이라고도 할 수 있다.

진주성과 촉석루의 논가바위(촉석루건물 바로 아래에 있는 바위). 강낭콩보다 더 푸른 남강위에 몸을 바친 논개. 그도 임진왜란 때 천왕봉 기상과 합일한 것이다.

지리산문하의 쾌거. 진주성대첩비. 학문완성의 큰 걸음 속에는 일국의 충신이라는 인물보다 더 큰 의미가 들어있다. 그것은 국토지킴이라는 인물완성이다. 이같은 선비정신을 찾아야할 현장이 서원이며 그 중에서도 남명의 선비정신이다.

   남명과 퇴계는 똑같이 1501년에 태어나서 같은 시대에 똑같은 세대의 제자들을 가르쳤다. 또한 둘 다 70대 초반에 운명한 영남학파 양대 산맥의 스승들이었다. 두 스승이 별세한지 20여년 후, 임진왜란이 터졌다. 그러자 남명문하는 국군사사직의 가르침에 따라 그 즉시 의병장이 되어 향토에서 왜적과 맞서 싸웠다. 남명정신은 진주향토의 거름이기도 했다.
   종묘를 중요시했던 신하들은 임진왜란이 발발하자 왕을 호종한다며 북쪽으로 줄행랑을 쳤다. 그 같은 와중에서도 국토를 그대로 지키고 있었던 2개의 집단이 있었다. 하나는 이순신 장군이 이끄는 전라좌수군이었고, 또 하나는 이곳 진주 백성들이었다. 이들의 기세는 천하의 그 누구라도 꺾을 수가 없었다. 꺾을 수 없었기에 승승장구하던 왜적들도 이들 앞에서는 대패를 당했다.

1592년 7월 이순신장군은 한산대첩이라는 대승의 쾌거를 이룩하였다.

1592년 10월 남명문하 의병장 곽재우의 2천 병력과 합세한 진주 수성군 3천8백 명은 진주성에서 2만의 왜적들과 일전을 치른다. 6일주야에 걸쳐 벌어진 공방전은 대패한 왜적의 퇴각으로 막을 내렸다. 이것이 3대 대첩 중의 하나인 진주대첩이다. 지리산 정기와 남명기상과 선비정신이 이룩한 역사이기도 했다. 남명의 경의(敬義) 교육 속에는 오늘날 "깨어있는 시민 함께 가는 사회"라는 표어도 들어있다. 함께 더불어 사는 우리 국토가 외세로부터 침략을 받았을 때는 임금부터 목숨을 걸고서 국토를 지키라는 것이 국군사사직이다. 남명문하선비들은 임진왜란 때 의병장이 되어 이를 지켰다. 오늘날 학문 때문에 국적까지 포기하면서 병역을 기피하려는 풍조는 잘못된 교육풍토에서 기인된 것이다. 참된 학문 속에는 국토지킴이라는 대명제가 들어있다. 그런 것이 선비정신이며 우리 국토의 기상이다.

오늘날 우리가 서원에서 찾아야할 한국인의 정신은 여기에 있다. 이는 서원이라는 문화재를 답사하면서 우리가 되새겨 보아야할 한국인의 화두도 된다. 우리가 지조 있는 참된 선비를 그리며, 선비정신이 살아 있는 전통 서원을 답사하려는 가치성은 이점에 있다.

남명의 신명사도 정신이 산천재에서 천왕봉기세를 타고서 진주에 이르자 진주성 촉석루는 국란극복의 선봉이 되어 진주대첩의 쾌거를 역사에 기록했다.

서원풍수 이렇게 보면 된다

도학자와 서원
남계서원을 풍수로 감상하려면
도동서원
무오사화, 갑자사화, 기묘사화, 을사사화
옥산서원
전통서원과 사당중심서원

·

표1) 풍수형국명칭목록

도학자와 서원

"이런들 어떠하리 저런들 어떠하리 " 만수산 드렁칡이 얽혀진들 어떠하리 / 우리도 이같이 얽혀져 백년까지 누리고저 "

「하여가」로 이방원(1367~1422)이 운을 띄웠다.
그러자 정몽주(1337~1392)는 「단심가」로써 응수했다.

"이몸이 죽고 죽어 일백번 고쳐죽어 / 백골이 진토되어 넋이라도 있고 없고/ 임향한 일편단심이야 가실줄이 있으랴"

 새왕조 거국동참을 대쪽같은 절개로 거절한 고려충신 정몽주는 선죽교에서 이방원에 의해 참살 당했다. 그날 주고받은 '하여가'와 '단심가' 속에는 이후 조선의 역사를 이끌었던 2대 사상이 들어 있었다.
 하여가 정권들이 조선팔도에 세웠던 것이 향교였고, 단심가 사상을 이어받았던 것은 서원이었기 때문이다.
 당시 쓰러져가는 고려국운을 탄식하든 인물이 있었다.

"오백년 도읍지를 필마로 돌아드니 / 산천은 의구한데 인걸은 간 데 없네 / 어즈버 태평년월이 꿈이런가 하노라"

 고려충신 야은 길재(1353년 ~ 1419년)다.
 길재는 이방원과 한마을에서 동문수학을 하였던 절친한 사이였으나, 정몽주의 학통을 이어받은 제자였기에 벼슬을 버리고 낙향했다.
 조선왕조가 개국되자 이방원은 선산에 은거중인 길재에게 높은 벼슬을 내렸다. 그러자 충신은 두 임금을 섬길 수 없다며 이를 거절했다. 이방원이 분노하자 길재는 벗으로써 이런 충고를 해주었다.

"나의 불사이군의 도리(道理)에 벗이 분개할 수는 있다. 하나 따지고 보면, 나 같은 사람이 한사람이라도 있어야 하지 않겠는가. 그래야 그대 조정에도 이를 본받는 충신이 생기지 않겠는가" 라고 말이다.

그러자 이방원은 후한 상과 함께 만고의 충신상을 만천하에 알렸다.

이후 이방원은 제3대 태종이 되어 국사에 임했고, 길재는 선산에서 김숙자(1389-1456)라는 제자를 가르쳤다.

스승과 임금과의 불편한 관계를 알고 있던 김숙자는 아예 벼슬길을 포기하고 있었다. 그러자 길재는 김숙자를 불러다 놓고서 이렇게 꾸짖었다.

"고려조정의 신하였던 내가 조선조정에 출사하는 것은 불사이군 도리에 어긋나지만, 그대가 조선조정에 출사치 않는다면 오히려 그것이 불사이군을 행하지 않는 불충에 해당된다.", "그대가 충심으로써 섬겨야 할 임금이란 지금의 태종이다." 김숙자는 태종14년 과거를 치러 합격했다. 그러나 출사는 스승이 세상을 떠난 세종1년에야 행하였다.

이후 김숙자는 목민관과 세자 스승 등 여러 관직을 거쳤으나, 가장 큰 낙은 아들 종직의 총명함에 있었다. 스스로 스승이 되어 아들 김종직에게 정몽주학문을 정성껏 가르쳤다. 그러던 도중 세조찬탈이 터지자, 김숙자는 중앙관직까지 버리고 밀양으로 낙향했다. 출사는 했으나 불사이군의 도리가 무너지자 장본인인 세조를 군주로 보지 않았던 것이다.

아버지의 학문을 이어받은 김종직은 과거시험을 거쳐 사가독서의 영광과 함께 벼슬길에 승승장구했다. 이조참판(종이품, 당상관)까지 역임한 그는 함양 군수시절부터 정여창, 김굉필 등 출중한 제자들을 육성하고 있었다. 관직을 버린 김일손 등 많은 문인들이 김종직 문하로 입문하니 이것이 영남학파의 태동이었다.

영남학파는 향교라는 관학(官學)보다는 훌륭한 스승에게서 배우는 사학(私學)

을 계보로 삼아 학문을 연마했다. 정동주 학통은 이러한 사학계보를 통해 대물림될 수 있었던 것이다.

참된 학문을 계승한 이들이 조정으로 진출하자, 당시 문치주의의 꽃이었던 사관(史官)직은 그들의 몫이 되었다. 이들은 또한 "이런들 어떠하리 저런들 어떠하리" 식의 하여가 풍조의 관학출신들과도 달랐다.

인간의 도리와 충절의 도리라면 이를 위해 "일 백번 고쳐 죽어도 가실 수야 있겠는가" 라는 정몽주선생의 도학(道學)을 일편단심으로 삼았던 그들이기도 했다.

하여가 신하들은 세조찬탈 앞에서 두릎을 꿇었다. 그러나 이에 반기를 든 관학교육의 집단도 있긴 있었다. 집현전 학사집단으로 한강백사장에서 효수되었던 사육신들이다. 사학교육의 엘리트 관료인 김종직 문하도 이들과 뜻을 같이했다. 신하인 세조가 군왕인 단종을 므도하게 찬탈했다는 패륜을 역사에 기록했던 것이다.

무오년(1498)에 조선왕조실록에 적힌 세조찬탈 내용이 들통나자 선비(士)들은 화(禍)를 당하게 되었다. 무오사화(士禍)가 터진 것이다. 정여창, 김굉필, 김일손 등은 스승 김종직과 함께 연루되어 끝내는 극행에 처해졌다.

조선시대 오현(五賢)은 김굉필, 정여창, 조광조, 이언적, 이황을 말한다. 이들의 행동과 절도는 도학(道學)에 있었기에 오현들을 도학자(道學者)라고도 일컫는다. 그 중에서도 수위자는 김굉필이며, 정여창도 그에 못지 않았다. 정여창이 안음현감으로 있을 때, 경상감사도 옥사를 정여창에게 물어보고 난 후 비로서 판결했다. 정여창의 마음은 한치도 벗어나지 않는 도심(道心) 그 자체였기 때문에 그의 판결이라면 모든 이들이 수긍했던 것이다.

그러자 이고을 저고을 사또들이 송사판결을 부탁하니 정여창은 직책직무에도 없는 순회판사역할까지 도맡기도 했다

이러한 정여창은 연산군에 의해 부관참시까지 당하게 된다. 그러나 중종반정으로 연산군이 쫓겨나자 김굉필과 함께 복권되었다.

정여창의 고향은 경남 함양군 지곡면 개평마을이다. 이곳을 연고로 삼아 5리 떨어진 곳에 1552년 창건된 것이 남계서원인 것이다. 소수서원 다음으로 세워진 남계서원은 도학자 정여창을 기리기 위해 창건되었고, 이후 도동서원도 도학자 김굉필을 위해 창건되었다. 그러므로 전통서원은 원래 도학자를 모시는 데서부터 시작되었음을 알 수 있다. 선비들에게 도학공부를 가르치려고 세웠던 것이 초기의 서원이었다.

남계서원을 풍수로 감상하려면

정여창을 배향한 남계서원.

남계서원은 경남 함양군 수동면 원평리 586번지에 있다.

중부고속국도와 88올림픽 고속국도가 교차하는 함양나들목을 빠져나와 다시

제1관산점에서 바라본 남계서원과 산세.

동쪽으로 3km 가량을 가면 수동(水東)마을이 나온다. 수동에서 북쪽으로 3km를 더 가다보면 도로 우측편에 자리하고 있는 것이 남계서원이다.

남계서원을 풍수로써 감상하려면 가장 먼저 관산점부터 찾아야 한다.

관산점은 남계서원에서 서쪽으로 200m ~ 300m 정도 더 걸어가면 된다. 이곳에서 남계서원을 바라보면 사진과 같은 광경이 펼쳐진다.

연화산 서북쪽 산자락에 택지된 남계서원.

문화재풍수답사 초보자들을 관산점에다 세워놓으면 대부분은 황당하다는 표정부터 짓는다. 도대체 무얼 보라는 것인지? 그러나 이 같은 황당함도 몇 가지 요령만 알면 차츰 익숙해진다.

가장 먼저 남계서원이 입지한 장소부터 찾아본다. 남계서원을 찾았으면 남계서원으로 들어오고 있는 산줄기들을 파악하면 된다. 이때 육안으로도 식별할 수 있으나 1: 100,000 지도에 나와 있는 등고선을 참작하면 누구나 쉽게 파악된다. 산줄기가 파악되면 뻗어 내리는 산이름을 알아본다. 이곳에서는 연화산(蓮花山:443.2m)이 이에 해당된다. 연화산과 함께 남계서원은 수동(水東)이라는 지명에 소속되어 있다. 남계서원의 남계(濫溪)라는 명칭도 수동의 물 수(水)자와 연관된다. 넘칠 람(濫), 계곡 계(溪). 즉 물이 넘치는 계곡이라는 뜻이기 때문이다. "연꽃", "물(水)" 그리고 "남계", 라는 명칭들을 이리저리 짚어보면 다음과 같은 연상이 떠오를 것이다.

"물 위에 떠 있는 연꽃"이라는 것 정도는 … 이를 문자로 옮기면 연화부수형(蓮花浮水形)이라는 풍수형국과 맞아 떨어진다. 풍수형국 명칭 찾기도 요령만 알고 있으면 무척 쉽다.

풍수형국 목록(표1)에 나와 있는 형국제목들을 들춰보면 대부분이 나와 있다. 중요한 것은 관산점에서 광경을 보고 무엇인가를 떠오르게 하려는 여러분의 안목이다. 산이 무엇과 닮았느냐는 상상을 끄집어내는 것은 몇 번 경험해보면 차츰 익숙해진다. 이때 무덤풍수 운운하는 도사(?)라는 사람의 발언에 귀기울이는 것은 절대 금물이다. 그들은 몇십년간 근시안적 안목으로 무덤만 보았던 탓에 오히려 초보자들보다 정상적인 안목을 갖고 있지 못한 부류들이다.

십년간 현장을 인솔했던 경험에서 보면 풍수를 전혀 모르는 초학자들이 훨씬 빠르게 성과를 이룬다. 동네바둑 기웃거리다가 속수만 잔뜩 배운 사람은 기원 바둑을 배워도 5급 이상은 절대 늘지 않는다. 아예 바둑을 모르는 소년이 기원에 출입하면, 1년도 못 되서 아마1-2단은 너끈히 승단하듯 그런 경우와도 똑같다. 무덤풍수의 안목은 그런 속수병통에 빠져있으면서도 그들은 그걸 신비주의라고 둘러 된다. 또한 훈수는 10단이나, 대국하면 10급 밖에 못되는 사람들도 있다. 명리학에 도사라면서 역풍수논리를 나열하나 막상 현장에 세워놓으면 꽉 막힌 방안풍수가 그들이다. 풍수와 명리는 아무 연관도 없는 분야일 뿐이다.

풍수는 우리전통학문이다. 신비주의는 결코 학문일 수가 없다. 객관적인 논리로써 누구나 이해할 수 있고 응용할 수 있는 것이 학문인 것이다.

이곳 남계서원현장에서도 나는 이렇게 보이는 것 같다라는 생각이 들면 다음 단계는 이 책 끝부분에 나와 있는「표1. 풍수형국 명칭 목록」을 들춰보면 된다. 하나씩 읽어 가다 보면, 그와 가장 비슷한 명칭을 누구나 찾아낼 수 있다.

문제는 정확히 보았느냐가 중요하다. 그러나 이것도 객관적으로 확인할 수 있는 방법이 있다. 이미 우리 선조들은 문화재속에 정답을 숨겨 놓았기 때문이다. 설령 문화재에 새겨놓은 답과 혼자 상상한 형국이 틀리더라도 이것도 공부에는 도움이 된다. 선조들의 답을 알았으면 다시 관산점으로 가서 틀린 자신의 형국과 비교 복습하다보면 자신도 모르게 정도로 입문하기 때문이다.

일단 남계서원으로 들어가보자.

남계서원 경내, 연꽃을 심어 놓은 연지가 조성되어 있다.

서원에 들어서면 여느 서원에서 볼 수 없었던 연지(蓮池)와 함께 연꽃까지 가득 넘치고 있는 광경을 보게 된다. 그야말로 연화부수가 넘친다는 남계서원광경이다.

그러므로 남계서원은 연화부수형이라는 정답을 확인하게 된다. 이를 염두에 두고 서원경내를 답사하면 또다시 확인되는 현판글자가 있다. 연꽃과 가장 가까이 있는 동재건물 한모퉁이는 애련헌(愛蓮軒)이다.

연지를 바라보고 있는 애련헌.

연꽃형국 터에 택지된 남계서원이기에 세워놓은 애련헌인 것이다. 이를 두고 유교시각 일변도로만 해석하면 오히려 까막눈이 되어 버린다. 시중에 나와 있는 문화재 소개 책들은 한결같이 남계서원 애련헌을 유교일변도로만 설명하고 있다.

송대 성리학자 주렴계가 연꽃을 사랑했기에 붙여놓은 것이 남계서원 애련헌이라고 말이다. 빗나간 해석은 아니다. 그러나 보다 넓은 시각으로 보면 애련헌이란 작명은 연화부수형에서 유래되었다는 것을 알게 된다. 남계서원은 송나라 서원이 아니라, 당시 풍수형국론이 일반적으로 널리 통용되고 있었던 조선시대 서원이기 때문이다.

풍수애련헌과 유교애련헌은 동시에 겹쳐진다. 그러나 유교애련헌 일변도로만 설명한다면 주객이 전도된 문화재 해석이 된다. 풍수시각을 배제시킨 오늘날 문화재 해석이 그렇다. 소수서원 경렴정도 도산서원 연지도 이곳도 모두 주렴계 일색의 일방통행해석만 거론되어 있다. 그렇다면 그것은 틀린 것이다. 만병통치약 일수록 어느 병에도 특효약은 될 수 없는 것처럼 말이다.

남계서원이 풍수로써 택지 되었다는 것은 형세론으로도 확인할 수 있다. 서재 뒤쪽에는 장판각이 있다. 장판각 뒤편에 있는 언덕을 살펴보면 두툼히 솟아오른 부위들이 한눈에 드러난다. 풍수형세론에서 자주 거론하는 식(息)이다.

남계서원 장판각 뒤편에서 볼 수 있는 식(息)현상.

식을 찾고, 잉을 확인하고, 혈과 사신사 그리고 사(砂)를 찾아 풍수형국도와 남계서원 배치도를 오버랩 시켜 보면 이들은 정확히 일치된다.

그러나 아쉽게도 이런 작업은 전문성을 요하는 작업이기에 책을 통하여 설명하기는 곤란하다. 전달에 문제가 있으면 이는 독자에게 오해를 낳게 하는 위험을 초래한다. 이런 것들은 강의실과 현장답사 그리고 연구실 작업을 거쳐야하는 전문적 학설에 해당되기에 이책에서 설명할 수 있는 한계는 여기까지다.

그러나 문화재답사를 위한 풍수 감상은 이책이 설명하고 있는 정도로도 충분하다.

도동서원

도동서원 강당과 백분칠.

도학자 김굉필(1454년 ~ 1504년)을 배향한 도동서원(道東書院)은 대구광역시 달성군 현풍면 도동리에 있다.

도동서원 강당기둥에는 다른 서원에서는 볼 수 없는 흰종이가 붙어있다. 저런 것을 백분칠(白粉漆)이라 한다. 백분칠은 왕릉정자각에서도 자주 발견된다. 왕릉정자각은 음택(陰宅)건물에 해당된다. 그래서 음기를 상징하는 지기(地氣), 즉 땅에 가까운 기둥아래에 백분칠을 칠했다.

서원강당은 양택(陽宅)건물에 속한다. 그러므로 양기를 상징하는 천기(天氣) 즉 기둥 윗편에 백분칠이 붙은 것이다.

도동서원 강당기둥에 백분칠이 걸린 이유는 이곳에 배향된 김굉필은 도학자 중에서도 첫째에 꼽힌다는 수위서원(首位書院)임을 알리기 위해서다.

김굉필은 권세 있는 양반가문에 그것도 한양에서 태어났다. 어려서부터 성질이 괄괄하여 사람들을 두둘겨 패는 불량배 기질을 갖고 있었다.

요즘으로 치면 오렌지족 폭력배쯤 된다. 그러던 그가 조부의 외가인 현풍에 살면서부터 사람이 180° 달라졌다. 김종직문하에 입문하여 소학을 읽다가 크게 뉘우쳤던 것이다. 인간의 도리를 알게 되자 평생을 소학에 적힌대로 살려했고 그러다보니 소학동자를 자처하면서 도학자로 일신하게 된다.

김굉필이 독서를 했던 글방을 연고로 하여 쌍계서원이 들어서게 되었으며, 쌍계서원이 이전하여 오늘날 도동서원이 되었다.

당시 도동서원 터를 잡았던 창건주는 한강 정구다. 남명문하인 정구는 김굉필의 외증손으로 당시 사대부풍수의 대가였다. 정구의 풍수논리는 조선왕조실록에도 나와 있을 정도로 유명했다. 그러므로 정구가 터를 잡고 창건한 도동서원을 풍수로써 살펴본다는 것은 그 자체로도 흥미로운 것이다.

도동서원 관산점은 사진을 찍은 서원 앞이 해당된다.

제1관산점에서 보면 도동서원 배산은 둥글다. 둥근 것이라면 거북이 등판이 떠오르는데 …

사진에서 보듯 도동서원 지붕위로는 둥그런 배산이 있다.

둥근형상의 동물을 연상해보라는 질문을 던지면 한국인은 누구나 첫 마디에 "거북이"라고 대답한다. 도동서원 배산을 보고서 거북이 등판이 연상되지 않는

제2관산점에서 본 도동서원 앞쪽 지형은 그냥 뾰족하게 생겼다. 뾰족한 대가리는 자라 …

자라모가지 위에 입지한 도동서원.

다면 그 사람 두고 비정상적인 한국사람이라 할 수 있다.

  우리문화재와 연관되어 있는 전통풍수형국이란 다음과 같은 방법으로 붙여졌기 때문이다. 우리선조들 중에서 글을 몰랐던 민초들의 경우도 "정말 소같이 생긴 산이네", "저쪽 산은 말같이 생겼다"라고 보이는대로 인정했을 때, 그것이 소형국, 말형국으로 계승되어 내려왔다.

  십중팔구가 호랑이 같이 생겼다고 보는 산에 호랑이 형국이 붙여졌던 것이지 땅 속을 훤히 본다는 신비주의 도사가 붙였던 것은 아니다. 만인에게 인정되지 않는 생김새는 전통형국으로 전해 내려올 수도 없었다.

  도동서원의 둥근 거북이 등판의 산을 다시 확인할 수 있는 제2관산점이 있다. 도동서원 동쪽으로 거슬러 올라가는 길(차량정도의 통행은 충분히 가능하다)을 삼분의 이 정도 올라가서 내려다보면 사진과 같은 광경을 볼 수 있다.

  거북이 등판을 뒤에 두고 있는 도동서원 앞쪽은 거북이 대가리에 해당되는데 거북이 대가리치고는 빈약한 지형이다.

  거북이 모양을 하고 있으나 대가리가 저렇게 작은 동물은 무엇일까를 상상해 보면 그것은 자라라는 답변이 즉시 튀어나온다.

  이럴 때 도동서원은 자라목 위에 입지한 것이 된다. 이 같은 광경이 연상되면, 이것도 표1에 나와 있는 형국명칭들과 맞추어 보면 된다.

표1에는 자라 오(鰲), 모가지 항(項)이라는 오항혈(鰲項穴) 형국이 나와 있다. 결국 도동서원은 오항이라는 혈자리에 입지한 것이다.

자라모가지와 노루모가지에서 솟구치는 피가 정력에 좋다는 것은 한국인이라면 모두 알고 있다. 땅도 마찬가지다. 자라목에 입지한 도동서원도 정력적인 땅 기운을 받는다는 것이 전통풍수형국론□ 더불어 내려왔던 한국인의 정서다.

또다시 제3의 관산점인 낙동강 건너편에서 보면, 꾸물거리면서 내려오는 자라 형상도 드러난다.

제3관산점인 강 건너에서 보아도 등짝이 둥근 자라형은 잡힌다.

관산점에서 오항혈로 잡아본 도동서원 형국에 대한 논증은 앞서 확인한 남계서원처럼 이곳에도 들어있다.

이런 것들을 하나씩 찾아보는 것이 여지껏 경험하지 못했던 우리문화재풍수답사의 새로운 흥미도 된다.

도동서원 중에서도 가장 중요한 건물은 강당과 사당이다.

도동서원으로 들어가면 웅장한 강당이 나온다. 강당앞마당에는 다른 서원에서 볼 수 없는 특이한 석물 하나가 강당을 떠메듯이 단단히 박혀있다.

이리저리 살펴보면 자라목처럼 생겼다.

도동서원 강당 마당에 박혀있는 석물.

자라모가지 석물이다.

 이게 어찌 자라목이냐고 반문하는 사람도 보았다. 그런 사람에게는 사당계단에 박아 놓은 석물을 보여주면 된다.

 사당을 떼메고 있는 석물은 마치 이런 말을 들려주는 것 같다.

 "자 보아라 이런 이빨보고도 자라라고 할래, 아니라고 할래?"라며 특유의 자라이빨을 적나라하게 드러내고 있다.

 오항혈을 차지하고 있는 도동서원이기에 경내에는 자라목을 상징하는 석물대가리들이 곳곳에 박혀있었던 것이다. 풍수로써 조명하지 않을 경우 이것들은

사당 앞에서 자리임을 드러내고 있는 도동서원 석물

사당계단에 붙어 있는 자라모가지 석물들. 어느 해인가 문화재 도둑이 이것을 훔쳐갔다. 그날밤 개도 짖지 않았다고 관리인이 들려주었다.

모두 미스터리 석물이 되어 도동서원은 주술적인 신비주의 서원이라고 덤터기를 뒤집어 쓸 수도 있다.

사실 그런 학설들도 있긴 있다. 그러나 그것은 생전에 배불과 주술적 미신타파에 앞장섰던 도학자 김굉필을 욕보이는 발언이 된다. 김굉필을 기리는 도동서원 후학들도 그 같은 모순의 석물들은 만들지 않았을 것이다.

오늘날 풍수시각으로 셈하자면 도동서원 석물들은 그 하나하나가 풍수인테리어인 셈이다.

도동서원에 배향된 김굉필과 남계서원에 배향된 정여창은 김종직문하생 중에서도 유별나게 친했던 벗이며 도학자였다. 둘 다 무오사화 때 유배되었고, 갑자사화 때 죽임당한 벗이었다. 정여창은 부관참시까지 당했다.

사형명령을 내렸는데 사형수가 이미 은명했다고 아뢰자, 그렇다면 무덤속에 있는 유해를 꺼내어 뼈를 짓이겨서 사형을 집행하라고 내리는 어명이 부관참시(剖棺斬屍)다.

참옥한 화를 당한 이들의 우정을 기리기 위해 후학들은, 도동서원 동남쪽 7km녘 낙동강가에 이노정(二老亭)을 지어 주었다. 두 노인들의 정자인 이노정

제일강산 이노정, 좌우대칭으로 똑같이 반반이다.

에는 2개의 방이 있고, 생김새도 똑같은 구조 2개를 합쳐놓은 대칭구조다.

정여창 산소와 남계서원이 있는 서쪽을 바라보고 있는 이노정, 방 하나는 김굉필, 또 하나의 방은 정여창을 위한 것이다. 이노정 현판과 나란히 붙어 있는 현판 하나가 눈에 들어온다.

제일강산(第一江山)

이런 것이 한국인의 마음에 담긴 산수강산 정서일 것이다.

무오사화, 갑자사화, 기묘사화, 을사사화

무오사화(1498) 때 김굉필은 평안도 희천으로 유배를 당했다. 북녘 땅 가시나무 울타리에 갇힌 유배생활 중에도 유일한 낙이 생겼다.

이십리 눈길을 헤치면서 날마다 찾아와 학문을 배우고 가는 16세 소년이 있었던 것이다. 위리안치 울타리 속에 있는 김굉필에게 울타리 너머의 소년은 땅바닥에 꿇어앉아 학문을 청했다.

어제 읽었던 책 내용 중 의문난 것을 소년이 물어오면, 김굉필은 이를 알려주는 낙이 김굉필에게는 그야말로 역락(亦樂)이었다. 이년 동안 계속되었던 땅바닥 공부를 통해 소년은 자신도 모르는 사이에 학풍하나를 전수 받았다.

그것은 정몽주 적통법맥으로 이를 이어받은 소년은 정암 조광조였다. 몇 년 후 스승 김굉필은 갑자사화(1504년)를 일으킨 연산군에 의해 극형에 처해졌으나, 제자 조광조는 중종에게 높이 발탁되어 도학정치의 영수로서 개혁정치를 시작했다. 그러나 보수기득층들이 가장 싫어하는 것이 개혁이라는 것은 어느 나라, 어느 역사에도 나와 있는 사실이다.

백성들이야 굶어죽든 말든 탐관오리 짓을 해서라도 우리만 잘먹고 잘살면 되는데, 왜 개혁하자면서 나라를 시끄럽게 하냐는 것이 그들의 만고불변의 생리다.

이들은 기묘사화(1519년)를 일으켜 조광조를 탄핵했고, 죽음으로 몰고 갔다. 기묘사화까지 터지자 도학과 개혁이란 말은 아예 흔적을 감추게 되었고, 세상은 걷잡을 수 없는 도탄 속으로 빠져들어 갔다.

이러한 암흑의 시대에도 태어난 불세출의 인걸들이 있었다. 회재 이언적, 퇴계 이황, 남경 조식이다.

이황과 조식은 동갑이며, 이언적은 10년 선배에 해당된다. 3명의 인걸들의 행동을 살펴보면 차이가 있다. 남명은 부정부패로 굳어져버린 보수주의 왕조에 등을 돌리고서 일체 출사치 않았다. 대신 후세를 대비하여 제자들을 육성시켜 나갔다. 반면 이황은 출사한 조정과 제자들이 있는 고향을 왔다 갔다 했던 고뇌에 찬 선비였다.

이언적은 현실적 모순을 바로잡겠다며 적극적으로 출사했다. 이언적도 도학자에 속한다 그러나 선배인 김굉필, 정여창, 조광조와는 차이가 있는 유학자였다. 선배들은 정몽주선생의 도리(道理) 중 도(道)에 더 가까웠던 행동인들이었다면, 이언적은 이(理)를 체계화시킨 학자인 동시에 정치가였다.

이러한 이언적의 적극적 정치참여도 을사사화(1545년)에 희생되는 참변으로 끝을 맺었다.

그러나 을사사화라는 산고를 거치면서 이언적은 이(理)를 출산시켰다. 이(理)라는 옥동자가 이황에 의해 육성되자 이것은 영남학파의 이데올로기가 되었다. 주리론(主理論)이라는 이데올로기로 무장한 퇴계의 제자 류성룡은 영의정을 차지하게 된다(1592년). 이로 인해 정몽주 학파의 선비들은 더 이상 사화에 희생되지 않는 승리자가 되었다. 더불어 이황이 기틀을 잡아 놓은 서원까지 뒷받침되자, 영남학파는 조선왕조의 역사를 이끌고 나간 주역으로 떠올랐다.

그것은 정동주 참살로부터 200여년이라는 시간이 흐른 역사였다. 회재 이언적이 이(理)를 확실히 밝혀놓았기에 승리할 수 있었던 단심가 학풍의 역사였기도 했다.

옥산서원

독락당내에 있는 계정, 물줄기 가래는 옥산서원이 자리하고 있다.

회재 이언적(1491 ~ 1553)을 배향한 옥산서원은 경상북도 경주시 안강읍 옥산리에 있다.

이곳에 옥산서원이 자리하게 된 연고는 회재의 공부방인 독락당이 있었기 때문이다.

독락당 옆을 흐르는 물줄기 600m 아래에 창건된 것이 옥산서원이다.

옥산서원(玉山書院)이라는 명칭은 서원 앞에 있는 자옥산(紫玉山:569.9m)과 관련을 맺고 있다.

이처럼 서원명칭과 산 이름이 같을 때는 가장 먼저 서원과 산을 한눈에 담아 볼 수 있는 관산점을 찾아야 한다. 이점 병산서원 조명과도 같다. 서원을 창건했던 선조들의 눈맞춤에 있어서 서원명칭과 산명은 초록은 동색이기 때문이다. 이것을 제1관산점이라고 정하자.

옥산서원 제1관산점은 서원 뒤쪽에서 앞면에 있는 자옥산을 한눈에 담을 수 있는 사진과 같은 지점이 해당된다.

옥산서원으로 날아드는 자옥산.

세종대왕 왕릉으로 날아오는 북성산, 널리 알려져 있는 봉황형국이다.

   서원을 향해 산자락을 활짝 펼쳐들고 있는 자옥산, 저 같은 광경 속에는 전통 풍수 형국 하나가 들어있다.

   천하의 명당이라고 알려진 세종대왕 왕릉 앞쪽을 보면 자옥산과 모양새가 비슷한 산이 보인다.

   봉황새가 세종대왕왕릉을 향해 날아드는 형국으로 널리 알려진 북성산(255m)이다.

서원과 왕릉 전면에 있는 산이기에 이들을 전주작(前朱雀)이라하기도 한다. 저런 모양의 산들이라면 눈도장을 찍어드는 것이 좋다. 점수로 치면 100점짜리 봉황형이며 전주작에도 해당되기에 자주 유용하게 활용되는 산이기도 하다. 어느 때 어느 현장에서 저와 비슷한 산들을 발견하면 모조리 봉황형으로 판정하면 된다.

이런 것들과 비교대조할 때 점수가 조금 떨어지는 90점, 80점, 70점 짜리 봉황산들은 문화재현장 답사를 자주하다 보면 잡아낼 수 있는 안목도 된다.

그렇다면 봉황새가 날아드는 옥산서원 터는 어떤 형국의 터일까. 이를 살펴볼 수 있는 지점을 제2관산점이라고 하자.

제2관산점은 옥산서원과 자옥산 사이에 있는 도로에 있다.

제2관산점인 도로 위에서 옥산서원을 찾아보면, 불과 200m 떨어져 있는데도 숲에 가려 도통 보이지 않는다. 가까이에서도 보이지 않는 서원은 옥산서원뿐이다.

사찰 중에서도 가까이 접근하여도 그리고 산 아래에서 살펴보아도 보이지 않는 산사가 있다. 그중 하나가 안동에 있는 봉정사다.

봉정사는 약간 위쪽에서 관산할 때, 그 형상이 드러나는 특징을 갖고 있다. 천등산이 만들어 놓은 둥지 안에 들어있는 산사가 봉정사인 것이다. 그래서 봉황

제2관산점에서 보면 옥산서원은 숲에 가려 보이지도 않는다.

천등산 봉정사도 높은 지대에서 넘겨보아야 비로소 둥지모양이 식별된다.

부록 – 서원풍수 이렇게 보면 된다

이 머무는 절이라는 봉정사(鳳停寺)인 것이다. 봉정사는 봉황이 머무는 둥지형에 해당한다.

이곳 옥산서원도 둥지형에 입지된 서원인 것이다.

이런 광경을 참작하고서 이를 표1에서 찾아보면 봉황의 집이라는 봉소형(鳳巢形)이 눈에 띤다. 옥산서원은 봉정사와 함께 봉소형이다.

이정도는 문화재답사 형국잡기는 A학점을 받을 수 있다. 그러나 더 전문성을 요하는 직계제자들의 경우에는 혼줄 나는 형국명칭일 뿐이다.

전문성을 요하자면 봉소형 - 비봉안(鳳巢形 - 飛鳳案)이라는 복수형 형국명칭을 달아주어야 한다. 그러나 봉소형비봉안이나 봉소형이나 그 말이 그 말이다. 뜻만 통하며 됐지. 이리저리 따지는 형국명칭맞춤법 시비타령쯤 된다. 괜히 한줄이나마 더 가르쳐 주려는 욕심에서 직계제자들에게 피워본 스승의 심술부렁이 같은 것이다.

봉소형을 염두에 두고 옥산서원을 들어가면, 여기에도 선조들의 정답이 들어있다. 강당마당 앞에 조성된 누대는 문짝들로 막혀 있다.

풍류공간을 감상하라고 만들어 놓은 누대를 오히려 못 보게끔 문짝으로 막아

옥산서원 누대, 달려있는 문짝이 이색적이다.

놓은 것은 또 무슨 심술일까.

그러나 알고나면 심술이 아닌 풍수다.

봉소형이기에 누대까지 문짝을 달아서 둥지 울타리로 만들어 버린 것이다.

강당마당을 눈여겨보아도 또다시 확인된다. 강당, 동재, 서재, 누대들로 강당마당을 꽉꽉 막아버렸다. 이곳 건물들 자체가 둥지를 만드는 울타리인 것이다.

옥산서원에는 형세론풍수 법칙으로 가볍게 살펴볼 수 있는 지점도 있다.

옥산서원은 강당중심서원이기에 강당이 단연 중요하다. 강당 앞에 좌청룡 우백호에 해당하는 동재와 서재가 배치되어 있다. 그러므로 강당이 혈(穴)자리를 차지하고 있음을 알게된다.

그 다음으로 중요한 것은 잉(孕)자리를 차지한 사당이다.

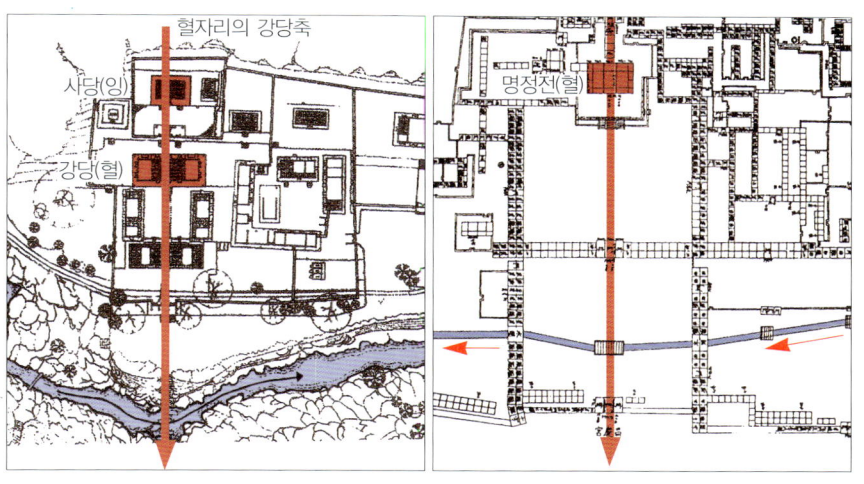

옥산서원 강당 축선과 물줄기의 환포 정점과의 만남.

창경궁 정전 축선과 물줄기의 환포 정점과의 만남.

이러한 사당과 강당 건물에 해당하는 풍수 잉과 혈을 선으로 연결시켜보면 앞쪽으로 뻗어나간 선은 옥산서원 임수인 물줄기와 만난다. 이를 자세히 살펴보면 공교롭게도 가장 감싸안아주는 물줄기 곡선 정점과 강당선이 만난다는 것이다.

이런 작업방법들은 혈을 찾는 형세론 법칙 중에 하나다. 임수라는 물줄기 곡선 정점과 배산지맥선 사이에 혈이 존재한다는 것이다. 물을 보고서 산을 찾는다는 풍수격언은 이를 두고 한 말이다.

옥산서원에 걸린 풍수법칙은 조선왕궁에서도 찾아볼 수 있다. 동궐도형에 나와있는 창경궁 정전과 임수인 옥천 물줄기가 이에 해당한다. 옥산서원 강당과 창경궁의 정전 그리고 옥산서원의 임수정점과 창경궁 임수정점이 일치하고 있다는 것이다. 이를 기억하고 있으면 여러분이 교외주택을 지을때, 해당 부지 앞에 이와 같은 물줄기가 발견되면 혈자리를 잡아내는 데에 아주 유용하게 사용된다. 이것은 모든 현장에 두루두루 통하는 형세론 풍수법칙이기 때문이다.

전통서원과 사당중심서원

조선왕조는 임진왜란을 전후로 커다란 사회적 변환기를 맞게 된다.

임란이전은 왕권중심의 왕조였으나 이후는 신하들의 당파세력시대였다.

병란초기에 도성을 헌신짝처럼 버린 무기력한 왕의 행동이 왕권을 약화시켰던 것이다.

왕이 도성을 버렸다는 것은 국토와 함께 백성들의 생명까지도 내팽개친 행위에 해당된다. 그러자 나라와 임금에 대한 충성보다는 가까운 식솔과 문중챙기기 풍조가 만연하게 되었다.

세조찬탈은 향교의 단절을 가져왔고, 임금의 도성버리기는 서원의 변질을 가져왔던 것이다.

선비란 문중이나 챙기는 이기주의적인 인격체가 아니라, 우주만물과 벗하여도 부족함이 없고 자연과 노닐어도 절도에 맞는 등 도리(道理)와 인성(人性)을 겸비한 인물을 말한다.

이러한 선비정신이 비현실적인 가치관으로 대두되자 도학자를 사당에 모셔놓고 공부하던 전통서원은 더 이상 등장하지 않았다.

소수서원을 시작으로 여기에 퇴계 이황의 교육관이 담겨 있는 서원들이 전통서원인 것이다.

삼산서원(三山書院)이라고 통칭되었던 당시의 옥산서원, 도산서원, 덕천서원 등은 선비정신이 깃든 전통서원들이다.

우리가 찾아가서 선비정신을 배워야 하는 살아 숨 쉬는 서원들이란 이 같은 전통서원들을 가리킨다. 전통서원은 아직까지 한국인의 스승으로 남아있는 문화재들이다. 당시의 큰 스승들은 모두 떠나고 없지만, 오늘날에도 그 속에는 흔적과 체취들이 남아있다.

참된 건축물에는 집주인의 인격이 반영되어 있다는 건축적인 명언이 있다.

바로 그 점이다. 전통서원들을 찾아가서 현존하는 건축물들을 당시의 눈맞춤인 전통시각으로 바라볼 때, 오늘날 우리는 옛 스승들의 인격과 눈맞춤 할 수 있을 것이다.

강학을 위한 전통서원과 제사를 위해 세운 문중서원의 구분도 풍수라는 전통시각으로 들여다보면 확연히 드러난다. 전통서원들은 강당중심서원이며, 문중서원들을 사당중심서원의 양식이라는 구분은 혈자리로써 입증될 수 있기 때문이다.

강당과 사당 중 어떤 것이 혈자리를 차지하고 있느냐의 식별은 좌청룡, 우백호를 상징하는 동재와 서재의 배치를 보고도 논증된다. 강당마당에 동재와 서재가 배치되어 있으면 이는 강당중심서원이며, 사당마당에 동재와 서재가 입지하고 있으면 이것은 사당중심서원인 것이다.

"좌안동 우함양"으로 선비정신을 풍미했던 함양의 남계서원은 최초의 강당중심서원에 속한다. 반면 임진왜란 이후인 1672년 현재의 터에 복원된 필암서원은 전형적인 사당중심서원 배치를 보여주고 있다.

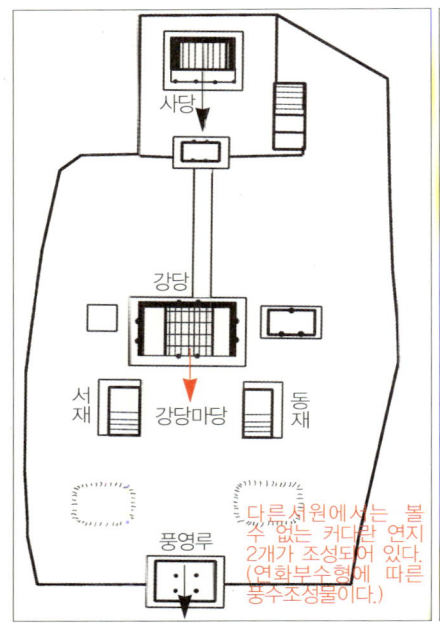 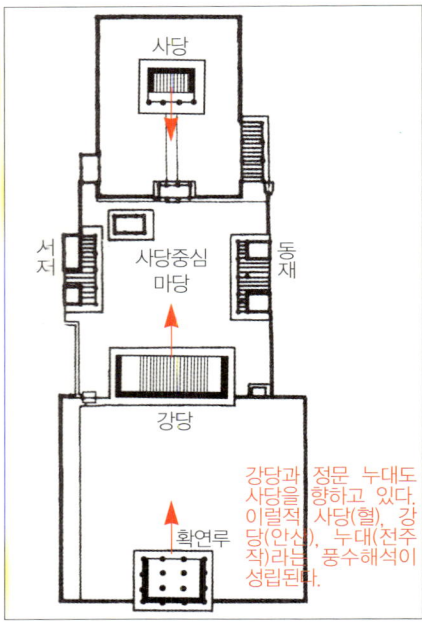

강당중심서원인 남계서원 배치도.　　사당중심서원인 필암서원 배치도.

남계서원 강당에서 앞을 쳐다보면 정문인 풍영루가 보인다.

필암서원 강당에서 앞을 쳐다보면 뒤쪽에 있는 사당이 보인다.

두 서원의 배치도를 번갈아 보면서 이들을 풍수로써 해석해 보면 강당중심서원과 사당중심서원은 한눈에 드러난다. 서원들이 풍수로써 터를 잡았다는 사실은 사당중심서원에서도 드러난다.

전남 장성군 황룡면에 있는 필암서원의 경우에도 서원앞 400m 쯤 떨어진 곳에서 사진처럼 바라보면 양날개를 치면서 날아오는 새 한 마리가 연상된다.

필암서원은 날아오는 봉황새의 …

··· 그것도 주둥이에 택지된 편지(筆)서원이다.

새의 형상(形象)을 보고서 현장풍수전문가가 그 기세(氣勢)를 읽는다면 저것은 봉황(鳳凰)이라고 단정해 버린다. 누가 보더라도 참새나 종달새는 아니지 않는가 ··· 그런 차별은 기세 때문에 벌어지는 현상들이다.

봉황의 머리부위 중에서도 주둥이 앞에 택지되어 있는 것이 필암서원이다.

봉황새가 서원을 편지처럼 물고 있다는 혈상을 표1에서 찾아보면 단봉함서형(丹鳳含書形)이라는 명칭이 튀어나온다.

필암서원은 단봉함서형에 택지 되었기에 서원 명칭도 함서(含書)라는 편지에 걸맞게 붓 필(筆)자를 사용하고 있다. 이때 단봉(丹鳳)은 임금님의 편지인 조서를 뜻한다. 임금님의 소식이란 경사스러운 가문의 영광이다.

왕의 소식이기에 창덕궁 전면에는 이와 관련된 단봉문(丹鳳門)도 있다.

아울러 필암서원지에는 단봉함서형을 그려놓은 풍수형국도도 나와 있다. 아쉬운 것은 양반체통과 체면 때문에 명당 풍수형국 발설을 감추기 위해서 단봉함서형이라는 글자만은 생략시키고 있다는 것이다.

사대부풍수는 풍수기록이나 문헌을 남기지 않는다는 특색을 갖고 있다. 이점 문헌적 자료를 들척보는 것보다는 현장안목으로 잡아내어 반쪽난 자료로써 입

창덕궁의 단봉문.

필암서원지에 나온 필암서원 형국그림.

증하는 것이 학술적 연구에도 더 경제적이며 효과적일 것이다.

그러므로 현장답사 때 아는만큼 보인다는 것은 성립될 수 없는 공허한 논리일 뿐이다.

오히려 보이는 만큼 알게 된다는 접근방법이 풍수답사때는 더 필요하다. 본다는 것은 주관적일수도 있기에 필암서원 형국의 기세가 어째서 봉황이냐는 질문이 튀어나올 수도 있다.

기러기 주둥이에 택지된 노강서원.

이러한 의문은 논산시 광석면에 있는 노강서원(魯岡書院)형국과 비교해보면 나름대로 이해하게 된다. 노강서원도 필암서원처럼 양날개를 치면서 날아오는 새의 주둥이에 택지되어 있다. 그러나 기세(氣勢)가 필암서원 봉황과는 다르다는 것이 한눈에 드러난다. 필암이 통통하게 살찐 봉황이라면, 노강은 한일(一)자 모양의 갈매기나 기러기처럼 생겼기 때문이다.

들판이 장관인 노강서원의 국수형국은 평사낙안형이다.

갈매기냐 기러기냐의 구별은 즉시 판정된다. 우리 전통형국 중에는 육지철새인 기러기는 나와 있어도 바다새인 갈매기는 없기 때문이다. 이를 참작하고서 보다 더 넓은 관산점에서 노강의 기러기 형상을 바라보면 탁트인 풍경과 함께 하는 들판의 기세(氣勢)가 아주 인상적이다.

기러기 + 들판의 기세 = ? 라는 생각을 염두에 두고서 표1로 명칭을 찾아보면 평사낙안형(平沙落雁形)이 가장 가까운 명칭으로 다가온다.

평평한 들판으로 내려 앉은 기러기모양을 평사낙안형이라 한다. 이때 모래 사(沙)자는 백사장을 지칭하는 것이 아닌 풍수형국 국면을 가르키는 사(沙)자라는 것이다. 모래사장에 터를 잡은 집이나 마을은 없으며, 모래 사장에는 혈도 존재치 않는다.

사신사(四神砂) 조신사(朝臣砂) 할 때의 사(沙 : 砂)자로 이해하면 된다.

평사낙안은 우리 향토8경 중에 흔히 들어있는 용어이기도 하다. 평사낙안 정서 속에는 평안과 평화 그리고 추석이라는 풍족함이 들어있다.(추석 전후로 날아오는 철새가 기러기이기 때문에)

우리문화재들을 전문적인 풍수학설로써 조명하려면 형세론(形勢論)법칙과 형국론(形局論)식별 그리고 좌향론(坐向論)을 대입시켜서 종합적 분석이 필요하게 된다. 그러나 일반적인 문화재답사 풍수감상은 형국론 하나만이라도 제대로 감상할 줄 알면 그것으로도 충분하다.

형국론 안목만 하더라도 그 속에는 여지껏 모르도 있었던 우리문화재 광경들이 무진장 들어있고 이들은 다른 문화재들과도 연결되기 때문이다.

가령 충남 연산군 임리에는 돈암서원(遯岩書院)이 있다. 이때 숨을 돈(遯)자 속에는 양반 체통상 살짝 숨겨놓은 글자가 있다.

돼지 돈(豚)자를 숨겨 놓은 것이다. 이런 것이 사대부풍수의 특성중에 하나다. 글자만 가지고서 착실히 풀이하다가는 막힌 벽창호가 되어 버린다. 보이는 것에다 교묘히 숨겨 놓은 글자들을 하나씩 맞춰 보아야한다.

돈암서원. 돈자속에는 돈자가 숨어있다.   돈암서원 경내에 세워놓은 돼지형상의 돈암바위.

이럴적 서원명칭부터가 돼지바위서원이라는 특이한 명칭이 되어 버린다. 서원경내를 들어가면 돼지바위 조성물도 서의져 있다.

표1에는 돼지형국을 가리키는 돈형(豚形)이라는 전통풍수형국이 있다.

돼지는 잘 먹고 잘 자라고 정말 근심걱정 없는 놈 같이 생겼다. 고사 지낼 때 상에 올리는 씩 웃는 돼지머리는 행복과 재물을 가져다준다고 예로부터 전해진다.

근래까지만 해도 새끼들이 주렁주렁 매달려 젖을 빠는 어미돼지 그림이 재래식 이발소에는 꼭꼭 걸려 있었다. 돈암서원의 돈암도 돼지형국 터에서 유래된 것이다. 그런데 오늘날 돈암서원 터를 이곳저곳 관산점에서 감상하면 돼지형국이 아닌 연화부수형을 보여주고 있다.

현재의 돈암서원 터에서는 돼지형국이 잡히지가 않는다는 것이다. 무슨 까닭일까.

이러한 의문은 돈암서원 내력 속에 들어 있다. 돈암서원은 현재 위치에서 서북쪽으로 1.5km 떨어진 지점에 있었다. 그곳에서 돈암이라는 명칭을 사액 받았다(1660년).

이후 1880년(고종17년)에 이곳 임리로 이건 되었다. 원래 있었던 성태봉 산기

숡이 돼지 형국이었기에 돈암이라 했는데, 지대가 낮아 물난리를 만나자 현위치인 연화부수형으로 이건 되었다는 내용이 된다.

이사 가더라도 돼지형국의 풍수복은 계속 받아야 한다는 바램에서 서원명칭과 함께 풍수인테리어 격인 돈암(豚岩)석물까지 서원경내에다가 세워놓은 것이다. 돈암서원도 임진왜란 이후에 창건된 사당중심서원에 해당한다. 사당중심서원이기에 사당의 담벼락이 어느 곳보다 화려하기 이를 때 없다.

돈암서원 사당 담벼락은 정말 아름답다. 경건한 전통서원 건축양식에서 보면 잿밥에 눈이 어두운 사치라고 할 수 있다.

사당중심서원이기에 전통서원은 아니다.

오늘날 현존하는 전통서원은 십여개에 지나지 않는다. 반면 사당중심서원은 수백개에 이른다.

조선후기 사당중심의 문중서원들이 남발하자 오늘날 대부분의 사람들은 서원이란 제사를 지내는 것으로 오인하고 있다. 문중계원들이 모여 추렴이나 하는 재실이나 사당 정도로만 알고 있었던 것도 사실이다.

서원이 그런 것에만 국한되었다면 서원들은 오늘날 규탄받아야 하는 구폐악습의 대상물에 해당된다.

지연, 혈연, 학연이라는 한국병은 문중이기주의 서원에서 전염되었던 것도 사실이며, 집안유세를 부리려고 사당서원을 세웠던 것도 부정할 수만은 없다. 심지어는 도학자와는 거리가 먼 자기집안 장군까지 배향한 문중서원도 속출하기에 이르렀다.

그러나 그와 같은 서원들은 서원정신을 대변할 수가 없다.

오늘날 서원들의 이같은 혼돈은 작금 무덤발복이 풍수의 목적인양 왜곡되어 있는 현상과도 같다.

전통풍수는 우리문화재를 선조들의 눈맞춤에 접근시켜서 풀어내는 안목을 가지고 있다. 그런 문화재 중에 하나가 오늘날 현존하고 있는 서원들이다.

전통서원이라는 문화재를 전통풍수로써 조명할 때, 그것은 한국인에게 필요한 선비정신을 풀어내어 오늘날 우리에게 되돌려줄 것이다.

이점 전통서원과 전통풍수가 만나야 한다는 오늘날 우리사회의 가치성이기도 하다.

전통서원 중에서도 도학지종 서원인 도동서원의 강당에서 …

표1) 풍수형국명칭목록

누운 소형 (臥牛形 : 와우형)

물을 건너는 소형 (黃牛渡水形 : 황우도수형)

엎드린 소형 (伏牛形 : 복우형)

춤추는 소형 (牛舞形 : 우무형)

하늘을 오르는 용형 (飛龍登天形 : 비룡등천형)

할배산을 쳐다보는 용형 (回龍顧祖形 : 회룡고조형)

누운 용형 (臥龍形 : 와룡형)

여의주 다투는 다섯용형 (五龍爭珠形 : 오룡쟁주형)

여의주 다투는 아홉용형 (九龍爭珠形 : 구룡쟁주형)

용머리형 (龍頭形 : 용두형)

똬리 뜬 용형 (盤龍形 : 반룡형)

비 뿌리는 용형 (雲龍吐雨形 : 운룡토우형)

물 마시는 용형 (渴龍飮水形 ; 갈룡음수형)

엎드린 용형 (伏龍形 : 복룡형)

용꼬리형 (龍尾形 : 용미형)

머리 든 두 용형 (雙龍騰頭形 : 쌍룡등두형)

똬리 튼 용 앞의 여의주 (盤龍弄珠形 : 반룡농주형)

물에서 나오는 용형 (黃龍出水形 : 황룡출수형)

파도 타는 용형 (潛龍弄波形 : 잠룡농파형)

구름에서 나오는 용형 (靑龍出雲形 : 청룡출운형)

여의주 희롱하면서 누운 용형 (臥龍弄珠形 : 와룡농주형)

여의주 농하는 두 용형 (雙龍弄珠形 : 쌍룡농주형)

여의주 농하는 어린 용형 (幼龍弄珠形 : 유룡농주형)

부록 - 서원풍수 이렇게 보면 된다

용눈형 (龍眼形 : 용안형)

여의주 다투는 여섯 용형 (六龍爭珠形 : 육룡쟁주형)

여의주 다투는 두 용형 (二龍爭珠形 : 이룡쟁주형)

다섯 마리 용형 (五龍形 : 오룡형)

누워서 물 건너는 용형 (臥龍渡江形 : 와룡도강형)

물 건너는 용형 (黃龍渡江形 : 황룡도강형)

알품은 금닭형 (錦鷄抱卵形 : 금계포란형)

닭 둥우리형 (鷄巢形 : 계소형)

우는 닭형 (鷄鳴形 : 계오형)

닭볏형 (벼슬형)

물마시는 말형 (渴馬飮水形 : 갈마음수형)

바람을 가르는 말형 (天馬嘶風形 : 천마시풍형)

안장을 벗어놓고 달리는 말형 (走馬奪鞍形 : 주마탈안형)

엎드린 말형 (伏馬形 : 복마형)

용이 된 말형 (馬化爲龍形 : 마화위룡형)

굴레벗은 말형 (奪鞍 : 탈안)

나는 말의 발굽기 세형 (飛天馬蹄形 : 비천마제형)

엎드린 범형 (伏虎形 : 복호형)

숲에서 나오는 범형 (猛虎出林形 : 맹호출림형)

범꼬리형 (虎尾形 : 호미형)

흰 범형 (白虎形 : 백호형)

누운 범형 (臥虎形 : 와호형)

범대가리형 (虎頭形 : 호두형)

엎드린 꿩형 (伏雉形 : 복치형)

제비 둥지형 (燕巢形 : 연소형)

춤추는 제비형 (舞燕形 : 무연형)

기러기 내리는 너른 들형 (平沙落雁形 : 평사낙안형)

나는 기러기형 (飛雁形 : 비안형)

갈대 물고 나는 기러기형 (飛雁含蘆形 : 비안함로형)

나는 학형 (飛鶴形 : 비학형)

알품는 학형 (白鶴抱卵形 : 백학포란형)

둥지에 든 학형 (黃鶴歸巢形 : 황학귀소형)

하늘 보는 학형 (金鶴望天形 : 금계망천형)

둥지에 든 학형 (老鶴歸巢形 : 노학귀소형)

알품은 학형 (金鶴抱卵形 : 금학포란형)

알품은 학형 (黃鶴抱卵形 : 황학포란형)

춤추는 학형 (飛鶴形 : 비학형)

밭에 내리는 학형 (飛鶴下田形 : 비학하전형)

두 마리 학형 (雙鶴形 : 쌍학형)

나는 쌍학형 (白鶴雙飛形 : 백학쌍비형)

세 마리 학형 (三鶴形 : 삼학형)

여덟 마리 학형 (八鶴形 : 팔룡형)

나는 봉형 (飛鳳形 : 비봉형)

알품은 비봉형 (飛鳳抱卵形 : 비봉포란형)

둥지에 든 봉형 (鳳歸巢形 : 봉귀소형)

봉 둥지형 (鳳巢形 : 봉소형)

춤추는 봉형 (鳳舞形 : 봉무형)

아침에 우는 봉형 (鳳鳴朝陽形 : 봉오조양형)

알품은 금봉형 (金鳳抱卵形 : 금봉포란형)

편지 분 봉형 (丹鳳含書形 : 단봉함서형)

봉꼬리 형 (鳳尾形 : 봉미형)
숲에서 잠든 봉형 (飛鳳投林形 : 비봉투림형)
오동나무에 깃든 봉형 (梧桐鳳樓形 : 으동봉루형)
달보는 토끼형 (玉兎望月形 : 옥토망월형)
아홉 마리 용과 뱀형 (九龍九巳形 : 구룡구사형)
지네형 (蜈蚣形 : 오공형)
엎드린 개형 (伏狗形 : 복구형)
누운 개형 (臥狗形 : 와구형)
달보고 짖는 개형 (仙狗哭月形 : 선구곡월형)
개젖통형 (狗乳囊形 : 구유낭형)
금거북형 (金龜沒泥形 : 금구몰니형)
엎드린 거북형 (伏龜形 : 복구형)
자라목형 (鰲項穴 : 오항혈)
거북머리형 (龜頭形 : 구두형)
거북꼬리형 (龜尾形 : 구미형)
물에 뜬 거북형 (浮龜形 : 부구형)
게형 (蟹形 : 해형)
물 마시는 게형 (渴蟹飮水形 : 갈해음수형)
게등형 (蟹背形 : 해배형)
게눈형 (蟹眼形 : 해안형)
띠메고 엎드린 게형 (傳帶伏蟹形 : 전대복해형)
가재형
거미형
뱀머리형 (巳頭形)
숲에서 나오는 뱀형 (生巳出林形 : 생사출림형)

못에 엎드린 뱀형 (金巳伏池形 : 금사복지형)
솔개형 (鷹形 : 응형)
매화 떨어진 터 (梅花落地形 : 매화낙지형)
활짝 핀 매화형 (梅花滿發形 : 매화만발형)
물에 뜬 연꽃형 (蓮花浮水形 : 연화부수형)
물에 이른 연꽃형 (蓮花到水形 : 연화도수형)
반쯤 핀 연꽃형 (蓮花半開形 : 연화반개형)
물에 이른 연잎형 (蓮葉到水形 : 연엽도수형)
이슬을 머금은 연꽃형 (蓮花含露形 : 연화함로형)
물에 이른 버들형 (楊柳到水形 : 양류도수형)
버들꽃 떨어진 터 (楊花落地形 : 양화낙지형)
거문고 타는 옥녀형 (玉女彈琴形 : 옥녀탄금형)
비단 짜는 옥녀 (玉女織錦形 : 옥녀직금형)
머리 푼 옥녀형 (玉女散髮形 : 옥녀산발형)
단정히 앉은 옥녀형 (玉女端坐形 : 옥녀단좌형)
금소반 든 옥녀형 (玉女金盤形 : 옥녀금반형)
춤추는 옥녀형 (玉女舞袖形 : 옥녀무수형)
다리를 벌린 옥녀 (玉女開花形 : 옥녀개화형)
소반 든 선녀형 (仙女奉盤形 : 선녀봉반형)
옥녀족집게형
잔 올리는 옥녀형 (玉女獻杯形 : 옥녀헌배형)
세상에 내려온 옥녀형 (玉女下降形 : 옥녀하강형)
하늘에 오른 선녀형 (仙女登空形 : 선녀등공형)
거문고 타는 선녀형 (仙女彈琴形 : 선녀탄금형)
춤추는 신선형 (仙人舞袖形 : 선인무수형)

책읽는 신선형 (仙人讀書形 : 선인독서형)

구름 속의 신선형 (雲中仙坐形 : 운중선좌형)

바둑판과 5명의 신선형 (五仙圍碁形   오선위기형)

구름에 노는 신선형 (仙人雲遊形 : 선인운유형)

피리부는 신선형 (仙人吹笛形 : 선인취적형)

소 탄 신선형 (仙人騎牛形 : 선인기우형)

들에 노니는 선인형 (仙人野遊形 : 선인야유형)

거문고 타는 선인형 (仙人彈琴形 : 선인탄금형)

술취해 누운 선인형 (仙人醉臥形 : 선인취와형)

마주 앉은 장군형 (將軍對坐形 : 장군대좌형)

칼찬 장군형

반달형 (半月形 : 반월형)

구름에 가린 반달형 (雲中半月形 : 운중반월형)

구름에 가린 반달형 (白雲半月形 : 백운반월형)

배형 (行舟形 : 행주형)

매어 놓은 배형 (繫舟形 : 번주형)

등잔형 (掛燈形 : 괘등형)

벽에 걸린 옥등형 (玉燈掛壁形 : 옥등괘벽형)

금소반형 (金盤形 : 금반형)

금소반의 옥잔형 (金盤玉杯形 : 금반옥배형)

금소반의 옥병형 (金盤玉亞形 : 금반옥아형)

금소반의 연잎형 (金盤荷葉形 : 금반하엽형)

바람에 늘리는 비단 띠형 (風吹羅帶形 : 풍취나대형)

네 쌍의 금띠형 (四雙金帶形 ; 사쌍금대형)

금띠형 (金帶形 : 금대형)

가마솥형 (釜形 : 부형)

엎어 놓은 솥형 (伏釜形 : 복부형)

금가락지형 (金環落地形 : 금환낙지형)

금비녀터 (金簪落地形 : 금잠낙지형)

벽에 걸린 금비녀형 (金簪掛壁形 : 금잠괘벽형)

금비녀터 (金釵形 : 금차형)

붓형 (筆形 : 필형)

필통형 (筆筒形 : 필통형)

연적형 (硯滴形 : 연적형)

달빛 아래 펼친 비단형 (浣紗明月形 : 완사명월형)

야자형 (也字形)

용자형 (用字形)

일자형 (日字形)

물자형 (勿字形)

품자형 (品字形)